업이란
무엇인가?
2

※ 이 책은 한국출판문화산업진흥원의 출판콘텐츠 창작 자금을
  지원받아 제작되었습니다.

업이란 무엇인가? 2
―우리는 왜 태어났고, 어떻게 살아야 하고, 왜 사는 걸까?

초판 1쇄 인쇄 2017년 11월 20일
초판 1쇄 발행 2017년 11월 30일

지은이 유중

펴낸이 유중 | 펴낸곳 도서출판 사군자
주소 서울 마포구 동교로 27길 12 동교씨티빌 201호
등록 1999년 4월 23일 제1-2484호
전화 323-2961 | 팩스 323-2962
E-mail sagoonja@netsgo.com

값 12,000원
ISBN 978-89-89751-42-7 (03220)

※ 파손된 책은 서점에서 바꿔드립니다.

업이란 무엇인가?

-우리는 왜 태어났고, 어떻게 살아야 하고, 왜 사는 걸까?

2

지은이 유중

사군자

● 차례

들어가는 말 • 6

8 우주란 무엇인가? 9
   시간과 공간은 별개가 아니다 • 13
   공간은 구부러져 있다! • 18
   물질이 곧 에너지이다 • 23
   우주는 하나이다 • 29

9 인간이란 무엇인가? 37
   생물학적 인간이란 무엇인가? • 39
   인간과 동물의 차이는 무엇일까? • 53
   깨달은 인간이란 무엇인가? • 60

10 모든 것은 마음의 산물이다 67
   이미지를 보지 말고 실체를 보라 • 70
   지혜란 무엇인가 • 79
   여섯 가지 생각 • 95

11 무란 무엇인가? 101
　업을 짓는 자는 누구인가? • 109
　내가 지은 업은 어디 있는가? • 118

12 윤회란 무엇인가? 125
　동양과 서양의 윤회 사상 • 131
　윤회의 주체는 누구인가? • 137
　단견과 상견, 그리고 세 가지 잘못된 견해 • 144

13 육도윤회란 무엇인가? 151
　지옥 • 156
　축생 • 164
　아귀 • 166

14 우리는 어떻게 살아야 하고, 왜 사는 걸까? 173
　우리는 왜 사는 걸까? • 178
　우리는 어떻게 살아야 할까? • 185
　내가 싫으면 남도 싫어한다 • 192
　깨달음은 '바로 지금 여기'에서다 • 198

● 들어가는 말

 우리는 왜 태어났고, 왜 사는 걸까?, 우리는 어떻게 살아야 할까?
 사람마다 그 생김새가 다르고, 성격과 능력이 다르고, 욕심이 다르고, 목숨의 길고 짧음, 착함이나 악함, 어질고 어리석음 등의 차이는 왜 생기는 걸까?
 자신이 누구이며, 생명의 목적은 무엇이고, 우리는 어디에서 왔으며, 우리는 죽고 난 후 어떻게 되는 걸까? 또 우리는 궁극적으로 어떤 상태에 이를 수 있을까?
 뿐만 아니라 이 세상은 아무런 법칙도 없이 제멋대로 굴러 가는 걸까? 아니면 어떤 법칙이 존재하는 걸까? 사람마다 인생을 살아가면서 갖는 많은 의문들이 있을 것이다.
 간단히 말하면, 이 책은 바로 이런 의문들을 하나씩 풀어가려는 것이고, 그 의문에 대한 명쾌한 답을 제시할 것이고, 또 속 시원하게 풀리게 할 것이다.
 업은 이 모든 질문에 대한 답이다. 그 의문이 무엇이든, 업은 우리 인간이 우주와 인생에 대해서 품을 수 있는 수많은 의문들에 대한 답이 될 것이다.

예컨대 우리는 살면서 이해할 수 없는 일들을 보거나 겪기도 하고, 전혀 알 수 없는 일들이 일어나는 경우도 있다.

또 역사를 통해서 알 수 있듯이 어떤 특정한 시기나 혹은 심리적으로 어려운 시기에 평범하지 않은 사람들이 용기를 주거나 혹은 그 시대를 지도하는 일들이 일어나는 것도 보았다.

또 인간이 겪어온 세계적인 대격변기 때 역사의 신기원을 만들어 내기도 하고, 정신적이든 사회적이든 지적이든 한 시대를 풍미하는 사람들을 보기도 했다.

지금도 우리 주변에는 뛰어난 사람들이 있다. 어려운 환경과 조건 속에서도 한 가정을 크게 일으키는 사람들이 있고, 또 어느 날 갑자기 세계적인 스타가 되는 사람들도 있다.

어느 시대 어느 사회 어느 분야에서든 아무리 그 사회가, 제도가, 기득권층이 아무리 높은 담을 쳐도 그 장벽을 뚫고 뛰어난 능력을 보이는 사람들이 있고 또 앞으로도 그럴 것이다.

그들에게는 왜 이런 뛰어난 일들이 가능할까? 이 책을 통해서 왜 이런 일들이 가능한지도 이해하게 될 것이다.

이 세상에 공짜로 혹은 우연히 얻어지는 것은 하나도 없다. 모든 일에는 다 그 원인이 있다. 우주든, 자연이든, 인간의 삶이든, 세상이 제멋대로가 아니라 인과의 법칙에 의해 움직이고 있다는 사실도 깨닫게 될 것이다.

또한 이 책을 통해서 모든 존재와 현상은 서로 연기적으로 관계를 맺고 있다는 사실도 알게 될 것이다.

풀 한 포기, 돌, 꽃, 짐승, 인간 등 우주 만물이 서로 인과의 사슬로 얽혀 있을 뿐만 아니라 이것들이 하나로 연결되어 우주 전체를 이루며 서로가 영향을 미치게 된다는 것이다.

내가 한 행위가 타인에게 영향을 미치게 되고 또 동시에 타인이 한 행위가 나의 삶에 영향을 미치게 된다.

그래서 우리는 왜 자신의 행위를 올바르게 억제하면서 타인과 더불어 살아갈 수밖에 없는 존재인지도 깨닫게 될 것이다.

업(業)은 이를 인식하게 하는 것이고, 그렇게 생각할 수 있게 할 힘이 있다.

8

우주란 무엇인가?

이 세상에 있어서 모든 사물과 현상은 반드시 그것이 생겨날 원인과 조건이 있기 때문에 생겨나고, 또 그 조건이 소멸하면 사라진다.

인과법칙은 모든 것에는 원인이 있고, 원인이 있기 때문에 결과가 있다는 것이다.

자연에서 일어나는 모든 현상을 보면, 인과법칙은 우주의 본질적인 진리라고 할 수 있다.

우리가 끊임없이 숨 쉬는 공기는 산소와 질소가 섞여 생겨난 것이고, 물은 수소와 산소가 결합하여 생겨난 것이고, 바위는 규소, 산소, 탄소 등의 원자들이 얽혀 만들어진 것이고, 물질을 구성하는 원자도 핵과 여러 개의 전자가 결합하여 생겨난 것이다.

낙엽이 땅에 떨어지거나 지구가 태양의 주위를 도는 것은 물체들 사이에 작용하는 중력 때문이고, 바닷물의 썰물과 밀물은 달이 있기 때문이다. 지구의 자전으로 말미암아 낮과 밤이 생기고, 공전으로 말미암아 춘하추동이 되풀이된다.

태양의 에너지는 수소 4개가 뭉쳐 헬륨이 되는 핵융합 반응으로 발생한다. 그리고 태양의 에너지가 있기 때문에 식물들이 살아간다.

장마는 성질이 서로 다른 두 공기 덩어리―남쪽에서 올라오는 따뜻한 북태평양 고기압과 북쪽에서 내려오는 차가운 대륙성 고기압―가 만나 생겨난 것이고, 지진은 땅속에 있는 지층이 어긋나 생긴 단층들이 서로 미끄러지면서 진동이 발생해 땅이 흔들리는 것이다.

지구온난화 현상은 인류가 화석 연료를 과도하게 사용하기 때문이고, 북극곰의 미래가 절망적인 것은 그로 인해 기후변화가 일어나 빙하가 점차 녹아 사라지고 있기 때문이다.

이 세상의 모든 존재와 현상은 어떤 원인이 있기 때문에 결과가 있고, 또 그로 인해 우주 만물이 서로 인과의 사슬로 얽혀 있는 것이다.

인과법칙은 원인과 결과의 법칙이다. 어떤 결과에는 반드시 그 원인이 있고, 어떤 원인이 있으면 반드시 그에 따른 결과가 생기게 마련인데, 현상계(現象界)의 모든 존재 형태는 이 법칙에 따라 움직인다.

지금도 이런 인과법칙에 의해서 우주의 삼라만상이 움직이고 있고, 인간을 포함한 모든 생명체도 이 인과법칙에 따라 생겨나고, 머물고, 변화하고, 소멸한다.

이와 같이 이 세상의 모든 현상은 이것이 있어 저것이 있고, 이것이 사라지면 저것도 사라진다. 모든 것이 서로 연기적으로 관계를 맺고 있는 것이다. 이는 모든 것이 상호 의존적으로 존재하며, 별개가 아니라는 의미이다.

생명의 기원과 우주의 실체에 관해 알고 싶어 하는 것은 인간이 지닌 원초적인 의문이기도 하다.

"우린 답을 찾을 거야, 늘 그랬듯이." 이는 최근에 상영한 영화 〈인터스텔라〉에 나오는 말이다.

우주의 실상을 알기 위해서 또 우주에서 벌어지고 있는 불가사의한 일들의 원인을 찾기 위해서 잠시 광대무변한 우주를 향한 시공간의 여행을 떠나보려 한다.

시간과 공간은 별개가 아니다

우리가 사는 이 우주는 언제 생겨났을까? 과학자들의 말에 따르면, 지금으로부터 약 137억 년 전에 대폭발이 있었다. 이 대폭발(빅뱅 : Big Bang)이 우주의 시작이다.

우주의 시작 상태는 시간도 공간도 없는 밀도는 무한대이고 크기는 0인 상태였을 것이다. 그러다가 빅뱅이 시작되자, 우주가 팽창하면서 공간과 시간이 생기게 된다(공간과 시간이 동시에 생긴다).

처음에는 공간 안에 우리가 생각하는 물질이 없었다. 오직 빛만이 있었다.

앞에서 말했듯이 현대의 과학기술로 알아낸 우주 팽창 과정은 빅뱅 후 10^{-35} 초까지이다(우주 탄생 후 10^{-35} 초, 그 순간 우주의 크기는 반지름 3mm 내로 압축된 크기의 우주였다고 한다).

그러다가 10^{-35} 초 후, 우주는 급속도로 팽창한다(지금 우주의 절반 정도의 크기였다고 한다). 그러면서 복사 에너지가 물질로 바뀌게 된다(아인슈타인의 $E=mc^2$는 이를 뜻한다).

예컨대 맨 처음에는 원자보다도 작은 물질인 쿼크와 반쿼크, 글루온 등이 만들어지고, 점차 양성자와 중성자, 원자핵과 전자 등이 생겨나고, 이들이 결합하여 원자가 만들어진다.

그 후 차츰 우주에는 별들이 생겨났다. 또 별들이 모여 은하가 생겨났다. 그 중에 태양이 있고, 태양 주변의 행성들 중 하나인 지구가 태어난 것이다. 지구의 나이는 약 46억 년으로 추정된다.[1]

---

[1] 우주의 정확한 나이는 아직 밝혀진 것은 아니지만, 이는 우주배경복사를 관측하여 밝

그 후 지구에 인간이 태어난 것이다. 이렇게 인간이 태어나기까지 우주는 약 137억 년의 시간이 걸린 것이다.

우리 인간은 우주의 시공간 속에서 살아가고 있으며, 에너지와 물질을 사용하며 살아가고 있다.

이처럼 우리가 일상생활을 하면서 '시간과 공간, 에너지와 물질'이라는 말을 사용하고 있는데, 사실은 이것이 우주를 구성하고 있는 네 가지 기본적인 요소이다.

우주란 무엇일까? 바로 '시간과 공간, 에너지와 물질'이다. 우리가 살아가고 있는 이 우주는 이 네 가지 요소로 구성되어 있다고 말할 수 있다.

따라서 이 우주를 구성하고 있는 시간과 공간, 물질과 에너지를 이해하게 되면, 우리는 우주의 실체를 알 수 있다.

시간과 공간이란 무엇일까?

먼저 시간과 공간이란 무엇이고, 또 서로 어떤 관계일까? 우주의 실체를 알기 위해 잠시 시공간의 여행을 떠나보자.

예컨대 뉴턴의 시대인 17세기에는 시간을 초월적인 현상으로 여겼다. 뉴턴의 세계에서 시간은 한결같이 흐르고 있다. 정지해 있는 세계에서도, 천천히 움직이고 있는 세계에서도 우주에 흐르는 시간은 일정하

힌 우주의 나이로 대폭발로부터의 지금까지의 시간이다. 지구의 나이는 돌에서 우라늄과 납의 비율을 재어 계산한 값으로 우라늄(U238) 원자는 4억 5천만 년이 지나면 절반쯤이 납(Pb206)으로 붕괴한다는 사실을 이용하여 추정한 것이다. 대체로 지구를 포함한 태양계의 구성원들은 모두 동시에 탄생된 것으로 알려져 있는데, 그린랜드에서 발견된 지구에서 가장 오래 된 암석의 나이는 39억 년이고, 태양계의 탄생 당시 함께 생성된 것으로 보이는 운석의 연령은 약 46억 년이다.

다. 뉴턴은 이것을 '절대시간'이라고 불렀다.

1687년에 그가 쓴 《프린키피아(Principia)》에 의하면 뉴턴의 '절대시간'이란 무한한 과거로부터 무한한 미래까지 어떤 것에도 영향 받지 않고 일정하게 직선으로 흐르는 시간이다. 이는 근대 과학의 사고방식에 지대한 영향을 미쳤으며, 오늘날 현대인들의 모든 생활 방식에도 시간의 개념을 깊게 뿌리내리게 했다.

뉴턴에 의하면 공간도 마찬가지다. 물체가 정지해 있거나 천천히 움직이고 있어도 혹은 빠른 속도로 움직이고 있어도 물체의 길이는 변하지 않는다고 생각했다. 바로 '절대공간'이다.

즉 우주를 구성하고 있는 시간과 공간이 서로 개별적으로 존재하고 있고, 고정불변한 것이라고 믿고 있었다.

그러나 아인슈타인의 특수상대성이론은 이것을 뒤엎고 우리의 일상적인 감각에 큰 충격을 주었다. "시간과 공간은 상대적인 거야!"라고 한 것이다.

예를 들어 아름다운 평원을 달리고 있는 기차가 있는데, 그 기차 칸 중앙에 소년이 서 있고 양 끝에 그의 부모가 손전등을 들고 있다고 가정하자. 그리고 그 부모가 빛을 동시에 소년에게 보내면, 소년은 빛이 두 방향에서 동시에 눈에 닿았다고 말한다.

그러나 이때 기차 밖 평원에서 그 부모가 보낸 빛이 소년에게 닿은 상태를 사진으로 찍어보면 어떻게 될까? 그 사진을 본 소년은 깜짝 놀랄 것이다. 왜냐하면 사진에는 열차의 앞쪽에서 발사된 빛이 소년에게 더 빨리 도착한 것으로 촬영되었기 때문이다.

이것은 관측자의 상태에 따라 같은 현상이 다르게 보인다는 것을 의미한다. 즉 보는 사람의 위치에 따라 시간이 달라진다는 것이다. 이는 시간은 상대적인 것이고, 시간과 공간은 끊으려 해도 끊을 수 없는 관계라는 의미이다. 시간이나 공간은 별개로 독립되어 있는 것이 아니라 서로 밀접한 관계를 맺고 있다는 것이다. 그래서 '시공'이란 개념이 생긴다.[2]

결국 이 세계에는 (정확하게는 관성계마다) 고유한 시간이 있고 그 시간은 장소, 즉 공간에 의해 결정된다고 할 수 있다. 시간과 공간이 별개의 개념이 아니라, 시간은 공간의 또 다른 차원인 것이다. 공간이 없으면 시간도 없다. 이런 맥락에서 보면, 시간이란 개념은 꼭 필요한 것이 아닌 여분의 개념이라고도 할 수 있다.[3]

즉 우주를 구성하고 있는 시간과 공간이 서로 개별적으로 존재하고 있고 고정불변한 것이라고 믿고 있었는데, 아인슈타인의 특수상대성이론에 의해서 깨지고 만 것이다.

아인슈타인의 특수상대성이론에 의하면 시간과 공간은 상대적인 것이다.

또 아인슈타인의 특수상대성이론에 의하면, 움직이고 있는 물체는 길이가 줄어들고, 무게는 무거워지며, 시간은 느려진다.

이러한 변화는 물체가 보통 속도로 달리고 있을 때는 뉴턴의 세계와 별 차이가 없지만, 빛의 속도에 가까워지면 그 차이는 확실하게 나타난다.

---

2) 원래 '우주'는 시공을 의미한다. 기원전 2세기에 중국에서 처음 우주라는 말을 사용하였는데, 《회남자(淮南子)》에 의하면 '우(宇)'는 공간, '주(宙)'는 시간을 나타낸다.
3) NHK 아인슈타인 팀, 《아인슈타인의 세계》 2권, 102~103쪽, 116~119쪽

예컨대 빛과 같은 속도로 달리는 우주선에 탄 사람이 있다고 가정하면, 그 사람의 신체는 호떡처럼 얇아지고, 심장은 천천히 박동하며, 좀처럼 나이를 먹지 않는다(빛에 가까운 속도로 날아가는 쌍둥이의 형은 지상에 남아 있는 동생보다 나이를 천천히 먹는다).

그동안 우리를 지배해온 사고방식은 시간과 공간이 언제나 한결같다는 뉴턴이 말하는 절대시간, 절대공간의 개념이었다. 이것이 아인슈타인의 특수상대성이론에 의해서 깨진 것이다.

이 세계는 서양에서 말하는 A가 아니면 B, B가 아니면 A라는 데카르트의 이원론적인 세계가 아니었다. A속에 'A와 B'가 모두 들어 있는 그동안 동양에서 말해온 세계였던 것이다.

공간이 있어 시간이 있고, 공간이 사라지면 시간도 사라진다. 우주를 구성하고 있는 시간과 공간이 따로따로 존재하는 고정불변의 독립된 실체가 아니라 서로 의존하고 있는 것이다.

앞에서 말했듯이 양자역학은 관찰자와 독립적으로 존재하는 객관적 실재를 부정한다. 불확정성 원리에서 보았듯이 관찰자의 관찰 행위가 관찰 결과에 영향을 미치게 되는 것은 관찰자와 객관적 실재가 서로 독립적으로 존재하고 있는 것이 아니라는 것이다. 주체와 객체를 따로 분리할 수 없다는 것이다.

주체와 객체를 따로 분리할 수 없듯이 이 우주를 구성하고 있는 시간과 공간 또한 따로 분리할 수가 없다.

우리 눈에 별개로 보이는 혹은 존재하는 것처럼 보이는 우주를 구성하고 있는 시간과 공간이 사실은 별개가 아니었고, 고정불변의 실체가 아니었다.

이는 시간과 공간이 실재가 아니라 서로 연기적으로 의존하면서 나타났다 사라지는 가상의 혹은 임시의 현상이라는 것이다.

또한 시공간은 우리가 상상하는 것과는 다르다. 시공간은 우리가 상상하는 것과는 다르게 휘어져 있다. 시공간의 여행을 조금만 더 떠나보자.

공간은 구부러져 있다!

우리는 하늘을 나는 새처럼 자유롭게 날고 싶은 때가 있다. 인간도 새처럼 하늘을 날 수 있을까? 그렇다. 인간도 지구 밖 무중력 상태에서는 새처럼 하늘을 날 수 있다.

그렇다면 작은 것이 큰 것을 가려 보이지 않게 할 수 있을까? 일곱 살 짜리 어린 아이가 이렇게 답한다면 어떨까?

> 작은 산이 큰 산을 가리네(소산폐대산小山蔽大山)
> 멀고 가까움이 달라서라네(원근지부동遠近地不同).

이 시는 조선시대 때 최고의 실학자라 할 수 있는 다산 정약용이 7살 때 지은 시이다. 원근을 통해 사물의 이치를 꿰뚫어 본 것이다. 어린 아이가 이런 시를 지었다니 그저 놀라울 뿐이다.

그렇다면 이런 경우는 어떨까? 거꾸로 큰 것에 가려 보이지 않는 작은 것을 우리는 볼 수 있을까? 이 또한 그렇다. 우주에서는 말이다. 지상에서는 경험할 수 없는 일들이 넓은 공간에서는 흔하게 일어난다.

1919년 5월 29일은 개기일식이 일어난 날이다. 태양이 달에 가려 보이지 않는 것이다. 그런데 이날은 아인슈타인에게는 역사적인 날이었다. 아인슈타인이 주장한 "빛은 구부러진다. 공간은 구부러져 있다!"는 일반상대성이론을 입증하는 역사적인 실험이 최초로 이루어졌고 증명되었기 때문이다.

1919년 5월 29일, 개기일식 때 영국의 천문학자인 에딩턴(Stanly Eddington : 1882-1944)이 이끄는 관측 팀이 원래 태양에 가려져 보이지 않던 숨어 있는 별을 사진으로 찍는데 성공한다. 마침내 태양 뒤에 가려 있는 별을 관측한 것이다.

어떻게 태양에 가려 보이지 않는 작은 별을 관측할 수 있을까? 그것은 태양 뒤쪽에 숨어 있는 별빛이 태양 옆을 통과할 때 태양의 중력에 의해 빛이 구부러져 우리 눈에 보이게 된 것이다(이를 과학 용어로 '중력렌즈 현상'이라고 한다). 평소에는 밝은 태양빛 때문에 그 별빛을 볼 수 없지만 태양이 가려진 개기일식 때 이를 확인할 수 있었던 것이다.

1919년 11월 17일, 실험이 성공적으로 끝난 후 〈런던타임스〉는 다음과 같은 기사를 게재한다.

"**과학의 혁명**, 우주의 신(新)이론 뉴턴의 설을 뒤엎다. 공간은 구부러져 있다!"

아인슈타인의 일반상대성이론이 예견한 '빛조차 중력의 영향으로 구부러진다'는 가설을 런던의 왕립협회가 관측을 통해 정식으로 승인한 것이다. 대중들은 상대성이론이라는 귀에 익지 않은 단어와 4차원 시공이 구부러져 있다는 일상 경험에서는 추측하기조차 어려운 불가사의한 세계를 이날부터 알게 된 것이다.[4]

---

4) NHK 아인슈타인 팀, 《아인슈타인의 세계》 1권, 78~79쪽

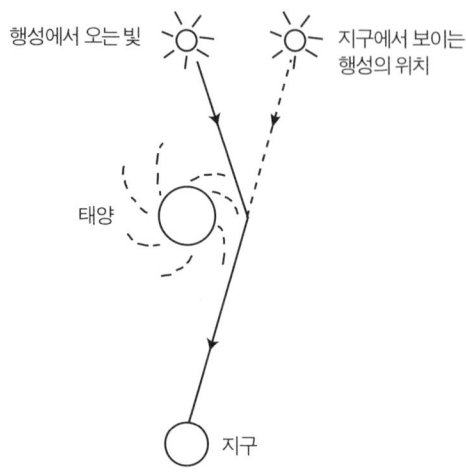

〈그림〉 태양에 가려 보이지 않은 별을 관측할 수 있는 것은 태양의 중력에 의해 빛이 휘기 때문이다.

그날 인류는 큰 것에 가려있는 작은 것을 본 것이다.

그런데 원래 직진하는 빛이 어떻게 구부러질 수 있을까? 아인슈타인 역시 이것이 고민이었다. 하지만 그는 의외로 쉽게 이 문제를 해결했다. 즉 공간이 구부러져 있기 때문이라는 사실을 안 것이다. 눈으로는 볼 수 없지만 물질이 있으면 그 주위의 공간은 중력에 의해 반드시 구부러지게 된다.

쉽게 비유하자면, 침대 위에 볼링공을 올려놓았다고 가정해 보자. 볼링공의 무게에 의해서 볼링공을 중심으로 침대가 움푹 들어간 부분이 생길 것이다. 이때 그 주위에 구슬을 놓게 되면 구슬은 볼링공 쪽으로 굴려가게 된다.

이와 같이 공간도 물질이 있으면 그 주변이 중력에 의해 오목하게 휘어지게 된다. 빛도 그곳을 지날 때는 휘어진 공간을 따라 구부러져 지나게 된다는 것이다.

　우리가 알고 있듯이 빛은 어디에서나 최단 거리로 직진한다. 그러나 이와 같이 공간 자체가 구부러져 있다면 그곳을 지나가는 빛은 구부러질 수밖에 없다. 빛이 구부러지는 원인은 공간 자체가 구부러져 있기 때문이었다. 우리가 상상하는 것과는 다르게 시공간은 휘어져 있는 것이다. 이것이 '시공간의 기하학'이다.

　또한 공간의 휘어짐(혹은 비뚤어짐)이 큰 곳일수록 시간의 진행이 느려진다. 자동차를 운전하는 사람이 코너를 돌 때는 속도를 줄이는 것과 같다.

　빛이 지구 옆을 지나간다고 가정해 보자. 지구 주변에는 강한 중력장이 형성되어 공간이 휘어져 있으므로 빛은 구부러질 수밖에 없다. 이때 안쪽을 지나는 빛일수록 천천히 진행한다. 그렇지 않으면 빛이 구부러져 통과할 수 없다. 결국 빛은 중력이 클수록 느리게 진행하는 것이다.

　예를 들어 400m를 달리는 빙산선수가 있다고 가정하자. 이때 코너 안쪽을 도는 선수는 코너 바깥쪽 선수보다 거리는 가깝지만 더 빠르게 달릴 수는 없다. 그렇지 않으면 코너를 구부러져 돌 수가 없다. 그리고 그 코너가 가파를수록 더욱더 천천히 지나갈 수밖에 없다. 그러다가 선수는 그 코너를 지나 직선거리에서는 다시 최고의 속도를 내며 질주할 것이다.

　우리가 상상할 수 없을 정도로 극히 무거운 물질(질량과 밀도)에서는 시공의 '비뚤어짐(곡률)'도 아주 커지게 되는데, 이런 시공에서는 빛이 중력장 밖으로 나오지 못하는 경우가 있다. 이러한 극단적인 예가 우리가 말하는 블랙홀(black hole)이다. 이곳에서는 빛조차 밖으로 탈출할 수 없는 것이다. 시공이 크게 비뚤어진 곳에서는 시간이 천천히 가지만, 시공의 '비뚤어짐'이 무한대에 가까워지면 시간은 거의 멈춰 버린다. 우리가 이런 상태를 블랙홀이라고 가정하고 있는 것이다.

이 우주는 도저히 믿을 수 없는 기적 같은 불가사의한 사건들이 벌어진다. 그러나 사실 그것은 우리 눈에 우연이고, 기적이라고 보일 뿐이다. 모든 것에는 다 원인이 있다.

우주에서는 큰 것에 가려 보이지 않는 작은 것을 볼 수 있으며, 블랙홀이든 암흑물질이든 아직 우리가 이해할 수 없는 기적 같은 일들도 다 원인이 있는 것이다.

이처럼 우리가 상상하는 것과는 다르게 시공간은 휘어져 있는 것이다. 아마도 시간이 휘고(느려지고) 공간이 휘어(구부러져) 있다고는 상상도 못했을 것이다.

아무튼 우주에 흐르는 시간은 한결같이 직선으로 흐르는 것이 아니라 공간에 따라 느려지기도 하며, 정지해 있거나 빠른 속도로 움직이는가에 따라 물체의 길이가 줄거나 무거워지기도 하며, 우리 눈에 보이지 않는 시공간이 고른 것이 아니라 중력에 따라 휘어져 있는 것이다.

절대시간, 절대공간이 아닐 뿐만 아니라 시간과 공간은 서로 의존적인 관계이며, 시간과 공간은 별개가 아니라 끊으려 해도 끊을 수 없는 관계이다.

공간이 곧 시간이고, 시간이 곧 공간이다. 공간이 있어 시간이 있고, 공간이 사라지면 시간도 사라진다.

이 세계는 A가 아니면 B, B가 아니면 A라는 이원론적인 세계가 아니라 A속에 'A와 B'가 들어 있는 세계였던 것이다.

우리 눈에 별개로 보이는 혹은 존재하는 것처럼 보이는 시간과 공간은 독립된 실체가 아니었다.

그렇다면 우리 눈에 별개로 보이는 혹은 존재하는 것처럼 보이는 물질과 에너지는 어떨까?

물질이 곧 에너지이다

에너지와 물질이란 무엇이고, 서로 어떤 관계일까? 아인슈타인의 특수상대성이론에 의하면, 이 역시 별개가 아니다. "에너지가 곧 물질이고, 물질이 곧 에너지다(즉 $E=mc^2$)"는 것이다.

아인슈타인은 시공간의 개념을 바꾸었을 뿐만 아니라 한 발 더 나아가 "물질이 곧 에너지다"고 말한 것이다. 아인슈타인의 그 유명한 특수상대성이론인 $E=mc^2$이 바로 '물질이 곧 에너지다'라는 뜻이다.

$E=mc^2$는 이렇다. E는 에너지(energy)를 나타내고, m은 질량(mass : 지구에서는 물질의 무게라고 생각해도 무방하다)이다. 그리고 c는 아인슈타인이 절대로 변하지 않는다고 생각하는 빛의 속도(약 30만 km/초)인 상수(constant)를 나타내는 공식이다.

이 식을 말로 표현하면 이렇다.

에너지=질량 X (빛의 속도)^2

아인슈타인의 이 방정식이 어렵게 느껴질지도 모르겠다. 하지만 아무리 수학을 모른다고 하더라도 이 방정식이 등식(=)이라는 것은 알 수 있다. 등식(=)이란 양변(좌변과 우변)이 같다는 뜻이다. 간단히 말해서 '에너지와 물질은 같다'는 뜻이다(우변의 빛의 속도인 상수는 무시하라. 에너지 E는 어떤 형태이든지 등가의 질량 m을 갖는다는 뜻이다).

즉 이 방정식은 에너지와 물질은 별개의 것이 아니라 '에너지가 곧 물질이고, 물질이 곧 에너지다'는 뜻이다.

아이슈타인은 '에너지와 물질(질량)은 같은 것이다'라는 사실을 발견한 것이다. 에너지가 있어 물질이 있고, 에너지가 사라지면 물질이 사라진다. 물질이 있으면 에너지가 발생하고, 물질이 사라지면 에너지가 사라진다.

시간과 공간이 독립된 실체가 아니듯이 물질과 에너지 역시 독립된 실체가 아닌 것이다. 이는 물질과 에너지 역시 서로 연기적으로 의존하면서 나타났다 사라지는 가상의 혹은 임시로 존재하는 현상이라는 의미이다.

우리 눈에 별개로 존재하는 것처럼 보이는 물질계, 즉 우주를 구성하고 있는 시간과 공간, 물질과 에너지는 따로따로 존재하는 실재가 아니었다. 공간이 곧 시간이고, 물질이 곧 에너지이다. 둘이 아니라 하나이다.

이는 마치《반야심경》에 나오는 "색불이공 공불이색, 색즉시공 공즉시색(色不異空 空不異色, 色卽是空 空卽是色 : 색이 공과 다르지 않고 공이 색과 다르지 않으며, 색이 곧 공이요 공이 곧 색이다)"의 경구를 떠올리게 한다.

예컨대 '이중성(duality)'은 모든 사물의 본질이라고 할 수 있다.

경전에서 말하고 있는 색즉시공(色卽是空)이나 불이(不二) 또는 불일역불이(不一亦不異)라는 말에서도 알 수 있듯이 이중성은 사물의 본질이다. 우리 눈에 비치는 현상계의 다양성과 차별상은 사실 하나에서 나온 것이다. 이와 같이 자연을 주의 깊게 관찰하면, 현상계의 사물의 다양성과 차별상 속에서 둘이 아니라 하나의 통일성을 찾아 볼 수가 있다.[5]

예컨대 모든 물질이 입자이면서 동시에 파동이듯이 '이중성'은 모든 사물의 본질이다. 대립되는 다른 측면 없이 대립의 한 측면만을 가질 수 없다는 것이다. 그 어떤 것이든 서로 상반된 것처럼 보이지만 별개가 아닌 것이다.

이 세계는 하나 속에 '하나와 둘'이 모두 포함되어 있는 세계이다.

우리가 사물을 서로 다르게 보는 것은 많은 경우 언어의 왜곡에서 비롯되기도 한다. 이원론은 영어로 'dualism'이다. 이는 라틴어 'dualis'에서 나온 말로 원래 '이중의' 혹은 '이중성'이라는 뜻이다. 하나가 '둘'이라는 뜻이다. 원래 뜻은 두 개의 독립된 실체나 원리를 인정한 것이 아니다. 이를 이원론으로 잘못 사용하고 있는 것이다. 아무튼 우리가 언어를 만들지만, 또 우리는 언어에 지배를 받기도 한다.

우리 눈에 비치는 모든 현상계의 다양성과 차별상은 사실은 하나에서 나온 것이다.

예컨대 '빛과 어두움', '정신과 육체', '생과 사'는 따로 존재하는 걸까? 혹은 '선과 악'은 따로 존재하는 걸까?'

서양의 이원론에서는 그렇다고 말한다. 이 두 개의 대립하는 요소는 서로 별개이며, 서로 독립적으로 존재한다고 말한다.

그러나 결코 그렇지 않다. 이 두 개의 대립하는 요소는 서로 별개로 존재하는 것이 아니다. 두 개의 대립하는 요소가 그 무엇이든, 사실은 서로 별개로 존재하는 것은 없다. 이미 말했듯이 주체와 객체, 시간과 공간, 물질과 에너지는 서로 독립된 존재가 아니다.

빛과 어두움도 마찬가지이다. 빛이 있기 때문에 어두움이 있는 것이

---

5) 김성구, 〈불교와 과학〉, 법보신문, 2010

다. 빛이 없다면 어두움도 없고, 어두움이 없다면 빛도 없다.

> 빛이 있으면 그림자도 있는 법이야. ─영화 〈사대명포(四大名捕)〉에서

이는 주인공이 악을 물리친 후, 악한 사람을 그림자에 비유하여 한 말이다. 선한 사람이 있기 때문에 악한 사람도 있다고 말하는 것이다.

선과 악도 빛과 그림자의 관계와 같은 것이다. 애초에 선악이란 존재하지 않는다. 하지만 우리가 말하는 선이 있기 때문에 악이 있고, 악이 있기 때문에 선이 있는 것이다. 악이 없다면 선도 없고, 선이 없다면 악도 없다.

그러나 만약 '선과 악'이 따로 존재한다고 말한다면, 악은 독립된 실재가 되고 만다. [비유하면] 결국 악도 신격화되고 악의 원천은 우주를 창조했다는 신 안에 혹은 신 옆에 있는 또 하나의 신 혹은 신성(神性)에 속하는 존재로 자리 잡게 된다(이것이 사탄이라면, 사탄 역시 신으로 간주된다).

다른 한편 창조물 자체는 신이 아니기 때문에 반드시 불완전하고 선하지 않다고 말한다면, 우주를 창조한 조물주는 반은 선하고 반은 악한, 즉 반선반악(半善半惡)인 데미우르고스(Demiurge : 그리스어로 '만드는 자'라는 뜻)가 되어 버린다.[6]

---

6) 김정위, 《이슬람사전》, 학문사, 2002

이렇듯 이 모두는 빛과 그림자의 관계처럼 서로 별개로 존재하는 것이 아니다. 시간과 공간에서 보았듯이, 공간이 있으면 시간이 발생한다. 또 물질과 에너지에서 보았듯이, 에너지가 있으면 물질이 발생한다.

그렇다면 '정신과 육체'는 어떤 관계일까? 육체가 사라지면 정신도 사라지고, 정신이 사라지면 육체도 사라진다.

> 우리는 무명(無明)으로 말미암아 행(行)이 생기고, 행이 있기 때문에 식(識)이 있고, 식이 있기 때문에 명색(名色)이 있고, 명색이 있기 때문에 ……생(生 : 태어남)이 있고, 생이 있기 때문에 노사(老死 : 늙음과 죽음)가 있고 걱정, 슬픔, 괴로움, 번민이 있는 것이다.

이는 우리에게 잘 알려진 '십이연기'이다. 모든 것에는 원인이 있다. 우리가 늙고 죽는 것은 생(生 : 태어남)이 있기 때문이고, 생은……명색(名色)이 있기 때문이고, 그 근원은 무명까지 거슬러 올라간다.

그러나 여기서 말하고 싶은 것은 명색(名色 : 정신과 육체)이다. 명색의 '색(色)'은 물질적인 요소를 말하고, '명(名)'은 정신적인 요소를 말한다. 인간은 육체와 정신을 함께 지니고 있다.

물질과 정신 즉 명색은 동시에 생기고 하나라는 뜻이다. 마치 물질이 곧 에너지이고, 에너지가 물질인 것과 같다. 육체가 곧 정신이고, 정신이 곧 육체이다. 육체 따로 정신 따로 존재하는 것이 아니다. 육체가 사라지면 정신도 사라지고, 정신이 사라지면 육체도 사라진다. 이는 정신이 없이 육체만 따로 존재할 수 없고, 육체가 없이 정신만 따로 존재할

수 없다는 의미이다.[7]

생과 사도 마찬가지이다. 태어남이 있기 때문에 죽음이 있는 것이다. 모든 존재는 태어나면서부터 소멸해간다. 태어남은 죽음을 잉태하고 있는 것이다.

이와 같이 '이중성'은 인간을 포함하여 모든 현상과 사물의 본질이다. 그 어떤 것이든 서로 상반된 것처럼 보이지만 별개가 아닌 것이다.

앞에서 말한 빛이 입자와 파동이라는 사실은 이원론적인 견해를 부정하는 좋은 예라고 할 수 있다. 원래 입자와 파동은 근본적으로 서로 모순되는 성질이 있다. 쉽게 말해서, 입자는 '공간의 특정 장소에는 있지만 다른 장소에는 없는 불연속적인 것'이 특징이고, 파동은 '특정 공간에서 도달하는 장소까지 연속적인 것'이 특징이다. 연속과 불연속, 전혀 상반되는 이 성질이 한 곳에 공존한다는 것은 도저히 상상조차 할 수 없는 일이다.

그러나 모든 물질은 입자이며 파동이다. 이 우주는 입자성과 파동성을 동시에 갖는 물질로 구성되어 있는 것이다. 둘 혹은 별개라고 생각하는 것은 우리의 관념이다.

따라서 이 세계의 일체 현상의 본질을 이해하게 되면, 인간과 우주 만물이 본질적으로 모두 동등하다는 것을 깨닫게 된다. 그래서 이런 우주

---

[7] 우리 인간이 느끼고, 생각하고, 사고하고, 의식하는 등 모든 정신적 기능은 뇌가 있기 때문이라고 말한다. 하지만 뇌가 없는 생물들은 어떨까? 예컨대 짚신벌레(paramecium : 모양이 짚신처럼 생김)는 하나의 세포로 이루어져 있는 단세포 생물이다. 입, 항문 등 단순한 감각 기관만을 갖추고 있다. 하지만 짚신벌레는 20억 년 전부터 살아왔고, 환경 변화에 대응하며 행동하는 것으로 알려져 있다. 뇌가 없지만 정신 활동을 하고 있는 것이다. 지금도 못, 도랑, 논, 늪 등에서 흔히 볼 수 있는 생물이다. 또한 뇌가 없지만, 기억력은 있는 점균류도 있다.

의 실상을 철저히 깨닫게 되면, 이원론(二元論)을 초월하게 된다. 언어를 초월해 이분법적 사고와 양극단적인 시각에서 벗어나 중도(中道)를 걷게 된다.

중도란 열린 마음으로 사물을 바라보며, 우주 만물은 상호 의존적이고 서로 의존하여 생성된다는 '연기법'을 따르는 것이다.

중도란 두 개의 대립 사이의 중간이라는 의미가 아니라 평등의 의미이다. 모든 존재는 연기적 존재이며 상호 의존 관계라는 본질을 이해하고, 어떤 세속적인 견해에 사로잡혀 차별하지 않는 것이다.

따라서 이 세계의 일체 현상의 본질을 이해하고 중도를 걷게 되면, 세속적인 견해에 대한 집착이나 무지로 인한 차별과 분별심, 교만과 우월감 등의 어리석음에서 벗어날 수 있다.

그러나 이를 깨닫지 못하면, 나와 너, 부자와 가난한 자, 여자와 남자, 이념, 인종, 국가 등 어떤 자의적인 기준에 의해 차별함으로써 불평등하게 대하게 된다.

이는 미혹과 어리석음에서 벗어나지 못했기 때문이다. 그리고 그로 인해 업을 짓는 것이다.

우주는 하나이다

우리 눈에 비치는 현상계의 다양성과 차별상은 둘이 아니라 하나이다.

그렇다면 '시공간'은 또 '물질'―물질 대신 '에너지'라고 해도 상관없다. 물질과 에너지는 같은 개념이다. 즉 $E=mc^2$이다―과는 어떤 관계가 있을까?

아인슈타인의 일반상대성이론에 의하면, '시간과 공간'은 '물질과 에너지'가 있기 때문이다. 시공간이 물질과 에너지와 별개가 아니라, 시공간이 곧 에너지이고 물질이라는 것이다.

이 역시 아인슈타인은 일반상대성이론으로 이를 증명한 바 있다. 아래의 공식은 이를 증명하는 방정식이다.

$$R_{ij} - \frac{1}{2} g_{ij} R = -k T_{ij}$$

사실은 주문처럼 보이는 이 기호에 상대성이론의 모든 열매가 함축되어 있다. 우리 눈에는 대단히 복잡해 보이지만, 과학자들은 이것을 '단순하고 아름답다'고 말한다. 실제로 이 방정식에 잠재해 있는 가능성의 크기에 비해 생각하면 놀라울 정도로 단순한 방정식이라고도 할 수 있다.

그렇지만 수학적인 방정식은 그리 중요하지 않다. 중요한 것은 이 방정식에 담겨 있는 내용과 그 의미를 아는 것으로 족하다. 아인슈타인 역시 일반상대성이론을 증명하기 위해 이 방정식을 만들었지만, 수학은 도구에 불과하다고 말한 바 있다.

그렇다면 이 방정식은 무슨 의미일까? 아인슈타인의 이 방정식 역시 얼핏 보아도 등식(=)이라는 것은 알 수 있다. 이미 말했듯이 등식이라는 것은 좌변과 우변이 같다는 뜻이다.

그렇다면 좌변과 우변은 각각 무엇을 나타내고 있는 것일까? 먼저 좌변은 매우 복잡해 보이지만, 이는 '시공의 기하학'(혹은 '시공의 구조 모양')을 식으로 나타낸 것이다.

앞에서 말했듯이 이는 '시공의 비뚤어짐', 즉 시공이 구부러져 있다는 것을 뜻한다. 이 방정식은 우리가 휘어진 시공 속에 살고 있다는 것을 나타낸다.

그렇다면 우변은 무엇일까? 이 역시 대단히 복잡해 보이지만, 이는 물질을 식으로 타나낸 것이다. 그래서 우변은 '물질'을 뜻한다. 물질 대신 '에너지'라고 해도 좋다. 왜냐하면 물질과 에너지는 특수 상대성이론으로 밝혀진 것처럼 같은 개념이기 때문이다. 에너지가 집중적으로 갇혀 있는 부분, 그것이 곧 물질이다.

따라서 이 방정식은 '물질이 있으면 시공이 비뚤어진다'는 것을 증명하기 위해 만든 것이다. 동시에 이 등식(좌변과 우변이 같음)은 '물질이 곧 시공이다' 혹은 '에너지가 곧 시공이다'라는 뜻이다. 물질이 있어 시공간이 있고, 물질이 사라지면 시공간도 사라진다는 뜻이다. 거꾸로 시공간이 있어 물질이 있고, 시공간이 사라지면 물질이 사라진다는 뜻이다. '시공이 곧 물질이며 에너지다'라는 뜻이다.

그동안 지금까지 우리가 써 왔던 시간, 공간, 에너지, 물질 등의 단어들이 서로 별개가 아니라 모두가 하나라는 뜻이다.

머릿속에 이런 이미지가 잘 그려지지 않는다면, '파도'라는 단어를 생각해 보라. 파도는 물의 어떤 상태를 가리키는 단어이지만, 파도만을 끄집어내어 물과 분리시킬 수는 없다. 이렇게 파도와 물을 분리할 수 없듯이 물질과 시공을 분리할 수 없다는 것이다.

좌변은 시공, 우변은 물질, 이 두 가지가 같다는 것이 아인슈타인이 말하는 이 방정식의 의미이다.[8]

---

[8] NHK 아인슈타인 팀, 《아인슈타인의 세계》 4권, 17~24쪽 참고

이와 같이 우주를 구성하고 있는 '시간, 공간, 에너지, 물질'이라는 네 가지 요소가 실은 별개가 아니라 하나인 것이었다.

공간이 곧 시간이고, 에너지가 곧 물질이다. 시간과 공간도 하나이고, 물질과 에너지도 하나이다.

또한 시간과 공간이 곧 물질이고 에너지이다. 시간과 공간, 물질과 에너지가 모두 하나이다. 이것이 우주의 실체이다.

'하나가 곧 모든 것이고, 모든 것이 곧 하나'인 세계이다.

아인슈타인은 그전까지 인류가 써 왔던 시간, 공간, 에너지, 물질 등의 단어들이 서로 별개가 아니라 모두가 하나라는 사실을 일깨워 준 것이다(물론 아인슈타인이 세상을 떠난 지 60년이 지났지만, 지금도 많은 사람들이 이를 이해하지 못한다).

그동안 우리 눈에 별개로 보이는 혹은 존재하는 것처럼 보이는 우주를 구성하고 있는 모든 것이 사실은 독립된 실체가 아니라 서로 인과에 의해서 얽혀 있다는 것이다. 따라서 우주도 공한 것이다(우주는 시간, 공간, 에너지, 물질의 결합체이다. 우주는 고정불변의 실체가 아니다. 시간, 공간, 에너지, 물질이 사라지면 우주도 사라진다). 이것이 우주의 실상이다.

> 태양도 없고 태양에 딸린 행성도 없는 텅 빈 공간만 있다면, 그 공간은 실체를 갖지 못한다. ―아인슈타인

> 물리적 실체가 없는 공간은 존재하지 않는다. ―부처

물질 혹은 에너지가 없으면, 공간도 사라지기 때문이다.

그러나 여기에는 또 한 가지 중요한 의미가 담겨 있다. 즉 물리적 실체

가 없으면 공간도 존재하지 않는다는 것은 무엇을 의미할까?

이는 우리가 상상하는 공간이 텅 비어 있는 큰 그릇 같은 것이 아니라는 뜻이다. 아무 것도 없는 상태에서 텅 빈 공간만이 덩그러니 존재할 수 없다는 것이다.

> 무한히 큰 그릇, 이것이 우리가 평소 생각하고 있던 시공의 이미지이다. 그런데 아인슈타인의 방정식에서 보듯이 시공은 물질과 같은 것이므로 시공은 더 이상 '그릇'이 아닌 '알맹이'가 되어 버린다. 그릇이 알맹이와 같다는 논리는 선문답 같지만, 그것은 원래 '그릇'과 '알맹이'를 구별하여 다르게 생각했기 때문에 이상하게 들리는 것이다. 이는 우리가 만들어 사용하는 언어에 익숙해 있기 때문이다.
>
> 아인슈타인의 방정식이 나타내는 것은 이러한 언어를 초월한 세계에 대한 견해이며 시선이라고도 할 수 있다. 언어를 없애면 세계는 전혀 다른 모습을 드러내기 시작한다. 손때가 묻은 언어에서 벗어나 존재의 핵심이 일거에 파악되는 것이다.[9]

우리가 상상하듯 공간은 텅 빈 허공이 아닌 것이다. 이러한 언어를 초월하게 되면, 세계는 전혀 다른 모습을 드러내기 시작한다. 손때가 묻은 언어에서 벗어나 존재의 핵심이 일거에 파악되는 것이다.

아무튼 아인슈타인은 이 우주는 "하나가 곧 모든 것이고, 모든 것이 곧 하나다"라는 것을 증명이라도 하는 듯 그동안 인류가 알고 있는 상식

---

9) NHK 아인슈타인 팀,《아인슈타인의 세계》4권, 25~30쪽 참고

을 깨고 일상 경험에서는 추측하기조차 어려운 불가사의한 세계를 펼쳐 보인 것이다.

우리가 사는 이 우주는 시간, 공간, 물질, 에너지로 이루어져 있지만, 실은 모두가 하나이다.

그러나 시간, 공간, 에너지, 물질이 서로 별개로 존재하는 것처럼 느껴지는 것은 우리가 만들어 사용하는 언어에 익숙해 있기 때문이다.

물론 아인슈타인 이전에도 일찍이 이런 우주의 실상을 깨달은 사람들이 많이 있었다.

> 하나 속에 모든 것이 있고, 모든 것 속에 하나가 있다(일중일체다중일一中一切多中一).
> 하나가 곧 모든 것이고, 모든 것이 곧 하나이다(일즉일체다즉일一卽一切多卽一).

이는 의상대사가 《화엄경(華嚴經)》의 핵심이 되는 내용을 간결하게 게송으로 읊은 〈화엄일승법계도(華嚴一乘法界圖)〉에 나오는 구절로 우주의 실체를 꿰뚫은 말이다.

영국의 낭만주의 시인 블레이크가 "모래알 속에서 우주를 보고, 들꽃 속에서 하늘을 본다", "너의 손바닥 안에 무한(無限)이 있으며, 찰라 속에 영원이 깃든다"[10]고 읊은 것도 모두 마찬가지의 의미이다. 예를 들면, 다음과 같다.

---

10) 보르헤스 외, 《보르헤스의 불교 강의》, 189쪽

책상 하나가 존재하기 위해서는 나무, 목수, 시간, 기술, 그리고 다른 많은 원인들이 필요하다. 이런 하나하나의 원인들은 또 다른 원인들의 존재가 필요하다. 나무는 숲, 햇빛, 비 등 기타 원인들이 필요하다. 목수는 자신의 부모, 아침 식사, 신선한 공기 등 기타 원인들이 필요하다. 그리고 이러한 것들은 또다시 다른 조건들이 갖춰져야만 한다. 만약 우리가 이런 방식으로 계속해서 바라본다면, 이 세상에 책상 하나가 존재하기 위해서 필요한 온갖 원인들 가운데 뺄 수 있는 것은 아무 것도 남지 않게 된다. 즉 우주의 모든 것이 함께 모여 우리에게 책상을 가져다 준 것이다. 햇빛, 나뭇잎들, 구름들을 유심히 바라보면, 그 속에서 책상을 볼 수 있다.[11]

　꽃 한 송이에 우주 만물이 들어있는 것이다. 호두 껍질 속에서 무한한 우주를 보고, 포도송이, 눈(雪)의 결정체, 물결, 이파리들 하나하나에 우주 만물이 들어 있는 것이다.
　이 세계 전체는 하나인 셈이다. 우주 만물이 서로 인과의 사슬로 엮여 있으며, 하나가 곧 모든 것이고, 모든 것이 곧 하나이다.
　진정한 지혜는 우주와 인생의 일체 현상의 실상을 철저하고 원만하게 깨닫는 것이다. 작은 풀잎 하나부터 우리 인간을 포함한 우주 만물이 서로 별개로 존재하는 것이 아니다. 나와 우주가 별개가 아니고, 나와 꽃이 별개가 아니고, 나와 타인이 별개가 아니다.
　그동안 우리 눈에 별개로 보이는 혹은 존재하는 것처럼 보이는 우주를 구성하고 있는 모든 것이 사실은 독립된 실체가 아니라 서로 인과에

---

11) 틱낫한,《중도란 무엇인가》, 21쪽, 사군자, 2013

의해서 연기적으로 얽혀 있는 것이다.

이것이 있어 저것이 있고, 저것이 사라지면 이것도 사라진다. 제법이 공한 것이다.

이는 본질적으로 모든 존재와 현상은 고정불변의 자아(自我)가 없다는 것이다. 그래서 제법이 공(空)하다고 말하는 것이다. 그리고 이것이 우주의 모든 삼라만상의 실상이다.

따라서 이런 우주의 실상을 철저히 깨닫게 되면, 자아(自我)를 초월하게 된다. 그 결과 나 혹은 나의 것, 아만, 아집에서 벗어나게 된다.

그러나 이런 우주의 실상을 깨닫지 못하면, '나' 혹은 '나의 것'이라는 생각에 집착하게 되고, 이런 자아의 집착은 결국 탐욕을 추구하게 되고, 성내고, 어리석음에 빠지게 된다. 인간의 모든 번뇌의 근본적인 원인은 바로 이런 '무명(無明)' 때문이다. 그리고 그로 인해 우리는 각종 업을 짓게 된다.

십이연기에서 말하는 "무명(無明)이 있어 행(行)이 있다"는 것은 무명으로 인해 업을 짓는다는 것이다.

이 세계의 일체 현상의 본질적인 것을 이해한다면, 이런 미혹과 어리석음에서 벗어날 수 있다.

자아를 초월해 우리는 왜 자신의 행위를 올바르게 억제하면서 타인과 더불어 살아갈 수밖에 없는 존재인지도 깨닫게 된다.

9
인간이란 무엇인가?

생태계(야생의 세계)에서는 힘이 곧 선(善)이다. 힘뿐만이 아니다. 속이는 것도 살아가는 훌륭한 수단이다.[12] 동물 세계에서는 형제끼리 싸우고 죽이는 일도 드문 일이 아니다. 약육강식이 생태계의 법이요 삶의 원리다. 동물사회에도 동료애가 있고 이타적인 행동이 있기는 하지만 강한 자만이 살아남는다는 데에는 예외가 없다. 생존경쟁을 통한 적자생존이 삶의 법칙이다. 싸워서 이기는 자가 살아남는 것이다. 역사를 살펴보면 인간의 세계 역시 생태계의 한 부분으로서 동물 세계와 크게 다를 바가 없다. 악행이 유능한 행위처럼 여겨지고 선행이 어리석은 행위처럼 여겨지는 경우를 모든 나라의 역사에서 어렵지 않게 찾아볼 수 있다. 아첨과 권모술수가 권력의 바탕이 되는 경우도 흔한 일이다.[13]

생물학적 인간이란 무엇인가?

우리가 사는 이 우주의 나이는 몇 살일까? 이미 말했듯이 우주의 나이

---

12) 예를 들면 개미들 사회에서 개미를 속이며 기생을 하는 딱정벌레가 있다. 이 딱정벌레는 개미 소굴에서 함께 살면서 먹이를 얻어먹거나 심지어 개미의 유충(알)을 잡아먹기도 한다. 지금까지도 이 딱정벌레는 진화를 거듭하면서 개미를 속이며 개미집에서 기생하며 살고 있다. 5200만 년 전 호박에서 개미와 함께 살았던 딱정벌레의 화석이 최근 인도에서 발견되기도 했다.
13) 김성구, 〈법보신문〉(2010. 12. 14) 참고

는 약 137억 년이고, 지구의 나이는 약 46억 년으로 추정된다.

그리고 우주가 팽창한 후, 생명체가 시작된 것은 약 35억 년 전이다. 35억 년 전에 생성된 아프리카와 오스트레일리아의 퇴적암에서 원핵생물의 세포(박테리아와 시안박테리아)와 스트로마톨라이트(stromatolite : 얕은 해수면에 퍼져 있던 원핵생물의 세포들로 짜여진 망상 구조체)를 화석 상태로 보존하고 있는 것을 발견하였는데, 이를 미루어 짐작한 것이다.

그 후 생명체는 약 30억 년간 단세포 상태가 계속되다가, 약 6억 년 전부터 다세포 동물들이 출현하게 된다. 특히 6억 년 전부터 5억3천만 년 전까지 약 5백만 년 동안 생명체가 폭발적으로 출현하게 되는데, 최초의 동물군이 출현한 이 시기를 특별히 '에디아카라(Ediacaran)' 시대라고 한다.

그리고 그 후 인류가 출현하기까지는 오랜 시간이 걸린다. 인간의 조상을 호모 하빌리스(Homo habilis : '손재주 있는 사람'이라는 뜻)로 본다면 약 250만 년 전이다. 물론 훨씬 먼 조상인 오스트랄로피테쿠스(Australopithecus : 새로 발견된 화석을 보면 4백만 년 전까지 거슬러 올라간다)가 있지만, 대체로 도구를 사용하기 시작한 것으로 보이는 호모 하빌리스 때부터라고 할 수 있다.

그 후 약 150만 년 전부터 25만 년 전까지 아프리카를 벗어나 중동과 아시아까지 전 세계로 퍼진 호모 에렉투스(Homo erectus : 직립원인, '선사람'이라는 뜻)로 이어진다.

오늘날 우리 현생 인류의 조상이라 할 수 있는 호모 사피엔스(Homo sapiens : '슬기로운 사람' 혹은 '지혜가 있는 사람'이라는 뜻)는 그 후 약 25만 년 전부터 나타났고, 약 4~5만 년 전부터 이들이 지구상에 널리 분포하게 된다.

그래서 지금의 모든 인류가 하나로 합쳐지는 분기점, 즉 미토콘드리아 이브(Mitochondria Eve)가 탄생한 날은 약 25만 년 전과 15만 년 전 사이로 추정된다. 사람의 미토콘드리아 DNA를 분석하여 추정한 인류의 모계 조상인 '미토콘드리아 이브'는 모든 현대 인류의 가장 가까운 직계 조상인 셈이다. 그녀는 호모 사피엔스 종의 일원이었고, 우리 모두의 어머니인 셈이다.

아무튼 우리는 250만 년 전으로 거슬러 올라가면, 우리 모두는 결국 아프리카인이다.

그러나 인간의 더 먼 친척을 찾으려면 수억 년 전으로 거슬러 올라가 세균한테 가야만 한다. 그 경우에도 유전암호 그 자체는 동일하다.

실제로는 모든 동물, 식물, 세균과 그 밖의 모든 생물의 유전암호는 문자 그대로 동일하다. 따라서 지구상의 모든 생명체는 확실히 하나의 조상에서 유래한 것이다. 이 점에 관해서는 논란의 여지가 없다(유전자 분자의 관점에서 보면 모든 동물은 서로 가까운 친척이다. 심지어 식물과도 가까운 친척 관계다).

그리고 3억5천만 년 전으로 거슬러 올라가면, 그때 우리의 조상은 허파가 있고 지느러미가 달린 물고기였는데, 물에서 나와 양서류가 되려던 참이었다.

또 2억3천만 년 전으로 거슬러 올라가면, 우리의 조상은 아시아를 지나 아르헨티나를 걸어 다니던 공룡이었다.

그 후 다람쥐와 청설모의 분리, 사람의 조상과 코끼리 조상의 분리, 타조의 조상과 전갈 조상 간의 분리가 이루어진다.

그 후 사람의 조상은 긴팔원숭이 유전자의 강과 만난다. 이는 몇 종의 긴팔원숭이와 큰긴팔원숭이의 강이 합류한 것이다. 그 후 우리가 속한 아프리카원숭이의 강은 오랑우탄 유전자의 흐름과 합류한다.

그리고 약 7백만 년 전으로 거슬러 올라가면, 인간의 유전자의 강은 침팬지 유전자의 강과 합류한다. 거의 동시에 고릴라 유전자의 강과 합류한다.[14)]

생물학적으로 보면, 우리 인간도 이와 같이 동물의 유전자를 물려받은 것이다.

그것이 바로 왜 우리가 동물과 다를 바 없이 삶에 애착하고 섹스를 좋아하며 자식을 사랑하는가 하는 이유이다.

습관의 힘

아무튼 동물의 세계는 잡아먹고 잡아먹히는 먹이사슬로 연결되어 있다. 특히 육식 동물의 세계는 약육강식의 세계이다. 약육강식의 세계는 힘이 곧 선이며, 힘이 곧 생존의 법칙이다. 그리고 이 세계에서 가장 힘이 센 포식자는 인간이다.

이처럼 서로 '다른' 종끼리 잡아먹고 잡아먹히는 것은 동물의 세계가 먹이사슬로 연결되어 있기 때문이다. 인간을 포함해 동물로 태어나면 이를 피할 수 없다. 삶이 곧 생존을 위한 사투이다.

그러나 '같은' 종끼리 서로 싸우는 것은 꼭 서로 잡아먹기 위해서가

---

14) 리처드 도킨스, 《에덴 밖의 강》, 29~61쪽 참고, 동아출판사, 1995

아니다. 서로 싸우며 잔인한 행동을 하는 이유는 아주 사소한 것에서부터 다양하다.

예를 들면 악어는 햇볕을 쬐기 위해 양지바른 곳을 놓고 서로 물고 뜯으며 자리다툼을 하기도 하고, 새들은 은신처가 될 만한 곳에 둥지를 짓기 위해서 혹은 비어 있는 보금자리를 차지하기 위해서 싸우기도 하고, 사자나 원숭이는 권력을 차지하기 위해서 싸우기도 한다.

이렇듯 '같은' 종끼리 서로 싸우는 것은 사소한 것에서부터 권력까지 다양하지만, 가장 큰 이유는 크게 세 가지이다.

첫째, 짝짓기이다. 짝짓기를 하기 위해서 서로 싸우고, 심지어 목숨을 잃기도 한다. 동물들이 암컷을 차지하기 위해 싸우는 것을 보면 아주 필사적이다. 뿔 달린 짐승들은 한바탕 흙먼지를 일으키며 싸우고 나면 상처투성이 되고 뿔이 부러지기도 한다. 사자는 싸움에서 승리한 후 암컷을 차지하고서도 자신의 새끼를 번식시키기 위해 다른 수컷이 낳은 새끼들을 모조리 죽여 버리기까지 한다. 실제 많은 수의 사자 새끼들이 이렇게 수컷 사자에 의해 목숨을 잃는다.

그런가 하면 다른 수컷들을 물리치고 짝짓기를 할 때 목숨을 걸어야 하는 동물도 있다. 흔히 낙타거미로 알려진 '솔리푸게'는 짝짓기가 끝나면 암컷이 수컷을 잡아먹는다. 또한 사마귀는 암컷이 교미 중에 수컷의 머리를 갉아먹는 경우가 있다. 사마귀의 교미는 한 시간 이상이 걸리기도 하는데, 이런 경우 수컷은 머리가 떨어져나간 후에도 곧바로 죽지 않고 한참 동안 온몸을 비틀며 안간힘을 쓴다. 그러면서 더 많은 정액을 몸 안에 뿌려 넣는다. 그리고 숨을 거둔다. 참혹한 대가를 치르면서까지 수컷들이 짝짓기를 하기 위해서 서로 싸우는 것이다.

둘째, 식량이다. 먹을 것을 차지하기 위해서 치열한 싸움을 한다. 심지어 태어나면서부터 형제를 죽이기도 한다. 갈색얼간이새나 제비꼬리 솔개의 경우에는 같이 갓 태어난 새끼 새들이 (일부 다른 동물들도 마찬가지지만) 먹이를 차지하기 위해 형제자매끼리 물고 뜯고 심지어 죽이기까지 한다. 그런가 하면 전갈은 배가 고프면 동족을 잡아먹기도 하고, 자식을 잡아먹기도 한다. 어미 전갈이 막 낳은 자신의 새끼들을 잡아먹기도 하는데, 새끼가 식량인 셈이다.

셋째, 영역이다. 영역을 차지하기 위해서 서로 싸우고, 전쟁을 벌이기도 한다. 물론 이는 짝짓기나 먹을 것과 깊은 관련이 있다. 이들은 영역을 차지하기 위해서 혼자 목숨을 걸며 싸우기도 하고, 혹은 집단으로 전쟁을 치르기도 한다.

하천이나 호수나 늪에서 사는 하마는 물웅덩이를 차지하기 위해서 혼자 위험을 무릅쓰며 싸우고, 사막의 파수꾼이라 불리는 미어캣(meerkat)은 땅을 차지하기 위해 수시로 전쟁을 치른다. 그 생긴 것은 귀엽지만, 그들이 영역을 차지하기 위해서 한바탕 전쟁을 치를 때는 무자비할 만큼 잔인하다.

짝짓기를 하기 위해서, 먹을 것을 차지하기 위해서 그리고 영역을 차지하기 위해서 '같은' 종끼리 서로 싸우고, 목숨을 건다. 심지어 동족이나 새끼를 잡아먹기도 하고, 형제끼리 서로 물고 뜯고 죽이기도 하는 것이다.

'다른' 종끼리 서로 잡아먹고 잡아먹히는 것은 동물의 세계가 먹이사슬로 연결되어 있기 때문이라고 하지만, 짝짓기나 먹을 것이나 영역을 차지하기 위해 '같은' 종끼리 목숨을 무릅쓰며 서로 싸우고 심지어 동족이나 새끼를 잡아먹거나 형제끼리 서로 싸우고 죽이기는 것은 동물적 습성 때문이다.

동물들도 공존하기 위해 서로 돕거나 배려하거나 심지어 희생을 하는 등 이타적인 행위를 하기도 한다. 하지만 이와 같이 싸움은 동물들의 습성이다.

우리 인간은 동물과 다르고, 문명생활을 하는 이성적인 동물이라고 한다. 그런데 왜 우리는 악어처럼, 사자처럼, 사마귀처럼, 갈색얼간이새나 제비꼬리솔개처럼, 하마처럼, 미어캣처럼, 전갈처럼 서로 싸우며 서로에게 고통을 안겨주는 걸까?

그것은 바로 우리에게 이런 동물적 습성이 남아 있기 때문이다. 이것이 '업'이다. 이를 '습'이라고 말하든 혹은 '습관의 힘'이라고 말하든 이런 업을 지어왔기 때문이다. 그리고 이 업에서 벗어나지 못했기 때문이다.

그러나 이 업에서 벗어나지 못하고, 우리가 이런 습관의 힘에 계속 끌려간다면, 결코 우리 자신을, 이웃을, 세계를 자유롭게 하지 못한다. 또한 우리가 과거의 습관의 힘에 의해 계속해서 갇혀 있다면, 미래의 후손들도 그렇게 살아가야 한다.

물론 이런 업(습 혹은 습관의 힘)을 끊어내는 것이 쉽지는 않다. 심지어 식물의 세계에서도 동물적 습성이 있는 모습을 찾아볼 수가 있기 때문이다.

식물을 정의하기가 쉽지는 않다. 하지만 대부분의 식물들은 광합성 작용을 하고, 이동하지 않는 것이 특성이라고 할 수 있다. 그리고 꽃을 피우고, 열매를 맺는다.

물론 식물 가운데는 '워킹 팜(Walking Palm : 걸어 다니는 야자수)'과 같이 걸어 다니는 식물도 있다. 또 동물이나 식물로 구분 짓기 어려운 경우도 있다. 연두벌레라고 하는 유글레나(Euglena)는 동물과 식물의 중간에 위치한다고 볼 수 있다. 몸 안에 엽록체를 가지고 광합성 작용을 하는 것은 식물의 특성을 지니고 있으나, 입이나 수축포를 가지고 자유롭게 움직이는 것은 동물적 특성이라고 할 수 있기 때문이다. 그런가 하면 곤충이나 작은 동물들을 잡아먹는 식충식물들도 있기 때문이다.

아무튼 대부분의 식물들은 광합성 작용을 하고, 이동하지 않는 것이 특성이라고 할 수 있다. 그리고 우리가 식물하면, 푸른 잎사귀이나 아름답고 화려한 꽃이나 열매를 떠올리게 된다.

그러나 때로는 식물의 세계에서도 매우 폭력적인 세계가 펼쳐진다. 식물들도 이웃을 돕기도 하고, 관계도 형성하면서 기대기도 하고 합하기도 하지만, 식물들의 사투 역시 동물이나 인간과 다를 바가 없다.

예컨대 매혹적이고 농염한 자태를 뽐내면서 벌을 유혹하기도 하고, 생존을 위해 속임수를 쓰기도 하고, 자신을 지키기 위해 이상한 냄새를 풍기거나 독을 품기도 하고, 어려운 상황에 처하면 훔치거나 자신을 해치려 드는 곤충이나 침략자들에게는 맞서 싸우기도 한다.

또 먹잇감을 함정에 빠뜨려 잔인하게 죽이기도 한다. 예를 들면 파리, 나비, 개미 같은 곤충이나 작은 동물들을 잡아먹는 식충식물들이다. 이른바 화려하게 핀 수련 사이에서 먹잇감을 노리는 통발, 이 외에도 파리지옥, 코브라백합, 벌레잡이통풀, 끈끈이주걱, 긴잎끈끈이주걱, 벌레잡이제비꽃, 사라세니아, 네펜데스 따위들이 모두 곤충이나 작은 동물들을 잡아먹는 식충식물들이다.

식물들도 생존을 위해 몸부림치는 것이다. 또한 식물의 세계에서도 '같은' 종끼리 또한 치열하게 경쟁을 한다.

숲속의 나무들은 왜 그렇게 키가 클까? 단지 경쟁하는 나무들보다 높이 솟기 위해서이다. 사실 그 나무들이 모두 키가 작은 상태에 머물러 있어도 똑같은 양의 햇빛을 받을 수 있다. 애를 쓰며 굳이 부피 큰 몸이나 굵은 줄기를 만들기 위해 많은 에너지를 사용할 필요가 없는데도 말이다.[15]

식물들 사이에도 매우 폭력적인 세계가 펼쳐지고 있을 뿐만 아니라 식물들의 경쟁도 매우 치열하다. 이런 동물적 습성을 보여주는 것은 식물들 역시 자신의 생존을 극대화하려는 습성이 있기 때문이다. 자아의식이 강하고 에고라는 생존욕에 집착하고 있는 것이다. 식물 역시 동물적 습성을 지니고 있다.

그러니 이런 업(습 혹은 습관의 힘)을 끊어내는 것이 쉽지는 않다.

여전히 우리 인간도 약육강식이 법이고 삶의 원리가 되는 경우를 어렵지 않게 찾아볼 수 있다. 식물이나 동물의 세계와 크게 다를 바가 없다. 또한 서로 경쟁을 부르짖는다. 경쟁을 미화시키며, 경쟁을 부추긴다. 경쟁이 지나쳐 악행이 유능한 행위처럼 여겨지고, 선행이 어리석은 행위처럼 여겨지기도 한다.

경쟁이란 무엇일까?

물론 경쟁 그 자체가 나쁜 것은 아니다. 서로에게 이로운 선의의 경쟁은 좋은 것이다. 예를 들면, 자원을 효율적으로 사용하기 위한 경쟁은 좋은 것이다. 사람들이 옷만 입고 다녀도 전기를 생산하고, 배터리가 필요 없는 시계를 차고 다니고, 건전지가 필요 없는 리모컨을 사용하고, 또

---

15) 리처드 도킨스, 《에덴 밖의 강》, 154~155쪽

도로를 걸어 다니기만 해도 전기를 생산한다면 어떨까? 이는 공상이 아니다. 이미 현실이 되었다. 옷을 입고 다니며 햇볕을 쬐기만 해도 전기를 생산할 수 있는 발전소자가 개발되었고(이미 스마트폰이나 휴대형 전자기기를 충전할 정도의 성능이 가능하다), 체온만으로도 전기를 생산하는 열전소자가 개발되어 배터리가 필요 없는 시계는 물론 인체 내부를 치료할 수 있는 의료 기구가 가능해졌고, (밟거나 누르는) 압력을 전기로 바꾸는 압전소자가 개발되어 지하철이나 사람들이 붐비는 거리가 전기를 생산하는 기능도 하고 있는 것이다.

이처럼 버려지는 에너지를 활용해 쓸모 있는 전기를 만들려는 '에너지 하베스팅(수확)' 연구 경쟁이 활발히 이루어지고 있는 것이다.

이 외에도 서로에게 이로운 선의의 경쟁은 많다. 자연 친화적인 건물을 짓기 위한 경쟁도 있다. 아프리카의 뜨거운 사막에서도 에어컨이 필요 없는 자연 냉방 빌딩을 지을 수 있을까? 그렇다. 그렇게 탄생한 것이 바로 짐바브웨의 수도에 들어선 '이스트게이트'이다. 이는 환경건축가 믹 피어스가 아프리카의 흰개미집에서 영감을 얻어 지은 세계 최초의 자연 냉방 건물이다.[16]

로봇 경쟁 역시 수십 년째 이어지고 있다. 거미처럼 기어오르는 로봇으로 산악 지역까지 짐을 나르고, 담쟁이덩쿨처럼 뻗어 나가는 로봇으

---

[16] 섭씨 40도를 오르내리는 아프리카에서 200만 마리가 넘는 흰개미들이 함께 개미집 안에서 활발하게 살아간다. 흰개미집의 구조는 뜨거운 공기는 밖으로 내보내고, 차가운 공기는 들어오게 하는 원리를 적용한 것이다. 이를 본떠 믹 피어스가 짐바브웨에 에어컨이 필요 없는 '이스트게이트 쇼핑센터'(1996년)를 지은 것이다. 이 외에도 그가 지은 호주 멜버른의 'CH2'라는 별칭을 지닌 시의회 청사도 실내 온도가 언제나 섭씨 24도 안팎으로 유지된다. 이 청사 역시 세계에서 가장 창의적인 건축물로 손꼽힌다.

로 무너진 구조물의 좁은 공간이나 작은 틈을 파고들어 인명을 구조하거나, 인체나 혈관을 다치지 않고도 치료를 할 수 있으며, 자동차들이 로봇으로 변신하는 영화 같은 장면들도 현실에서 보게 될 것이다(물론 로봇을 생명을 해치기 위한 무기로 개발하기 위한 경쟁은 무익한 경쟁이다).

자연을 훼손하거나 환경을 오염시키지 않으면서도 농사를 지으려는 경쟁도 활발히 이어지고 있다. 도시의 건물 안에서 수경재배를 하거나, 태양빛으로 벼농사를 짓고 전기도 생산해 파는 '신이모작'도 이루어지고 있다. 논 위로는 태양광 발전 시설로 전기를 모으고, 그 아래에는 벼가 익어가는 것이다. '신이모작'은 벼 수확량도 좋을 뿐만 아니라 평야라 햇빛이 잘 들고 논에 고여 있는 물이 냉각 효과를 일으켜 전기 생산량도 많아 일석이조의 효과를 내고 있다.

경쟁 자체가 나쁜 것이 아니라 인류 모두의 행복과 삶의 질을 높이고 향상시키는 경쟁은 좋은 것이다. 이런 경쟁은 이로운 것이다.

하지만 개인의 출세를 위하거나 돈만을 목적으로 하는 이기적인 경쟁이나, 기를 쓰고 자기 욕심을 채우려고 하거나, 남을 이기려고 하는 경쟁은 오히려 우리의 삶을 파괴하기 마련이다. 이런 경쟁은 무의미하다.

실제로 동물의 세계에서도 경쟁이 심해지면 전체적인 수가 상당히 감소하는 경우를 많이 보아왔다.

그럼에도 불구하고 우리 사회는 사람들로 하여금 자원이든 기술이든 뭔가 부족하다는 생각을 갖게 하면서 끊임없이 경쟁을 부채질한다. 경쟁의식은 뭔가 부족하다는 생각을 가질 때 더욱더 치열해지기 때문이다.

그러나 이미 말했듯이 지금껏 인류가 먹고 누려온 모든 것이 이 우주에서 나온 것이다. 하늘 아래 인간이 새롭게 만들어낸 것은 하나도 없다.

우리는 물 한 방울도 새롭게 강에 보탠 것이 없고, 흙 한 주먹도 새롭게 산에 보탠 것이 없다.

우주는 장엄하다. 온 인류에게 모든 만물을 공급해준다. 우리가 먹고 입고 자고 쓰고, 또 문명을 누리는 모든 것이 이 우주에서 나온 것이다.

그리고 이미 우리는 윤리를 바탕으로 한 기술들로도 식량뿐만 아니라 전 세계의 수억의 가난한 사람들을 도울 수 있다. 우주는 풍족하지만, 끊임없이 경쟁을 부채질하는 것은 우리 마음이 부족하기 때문이다.

또한 경쟁의식을 갖는 것은 마음속에 시기심과 이기적인 야심이 있다는 것이다. 만약 내가 누군가에게 경쟁의식을 느낀다면, 그것은 그를 시기하거나 이기려는 야심이 있기 때문이다. 그러나 시기심과 야심이 있는 곳에는 온유한 마음이나 고상한 행동이 나올 수가 없다.

경쟁심에서는 훌륭한 행동이, 자만심에서는 고상한 행동이 결코 나올 수 없다. —존 러스킨(영국 비평가)

그리고 무엇보다 경쟁이 무의미한 것은 경쟁으로는 결코 누구를 이길 수 없다는 것이다. 이긴다는 생각은 착각이고 환상이고 망상이다. 경쟁이란 늘 새로운 사람과 새로운 환경이 나타나기 마련이다. 때문에 끝없이 경쟁을 하게 될 것이고, 따라서 결국은 지게 된다. 마치 어느 우두머리 수컷 사자가 아무리 힘이 세고, 다른 수컷보다 몸이 2배 더 크다고 하더라도 얼마 안 가서 또 다른 새로운 수컷 경쟁자를 당해 내지 못하는 것과 같다.

인류를 이롭게 하는 경쟁이 아닌 자신이 살아남기 위해서 혹은 남을 이기기 위해서 기를 쓰고 하는 경쟁은 무의미한 것이다. 이런 경쟁은 동물적인 '습관의 힘'에서 나오는 행위이다. 기를 쓰고 남을 이기려는 경쟁은 우리에게 여전히 동물적인 습성이 남아 있기 때문이다.

그리고 경쟁심이 강하고 이기려는 욕심이 강할수록 동물적 습성이 강하다는 의미이다. 부처는 우리에게 이렇게 말한다.

> 그대들은 내가 서로 경쟁하라고 일러주는 설법을 들은 적이 있는가. 만약 그런 적이 있다면 나의 설법이 외도들의 그것과 무엇이 다르겠는가? ……내가 설법하는 것은 그런 마음을 항복시키기 위한 것이다. ─《증일아함경》,〈증상품(增上品)〉

왜냐하면 경쟁으로 얻은 것이 무엇이든 그 또한 허망하기 때문이다.[17] 뿐만 아니라 작은 풀잎 하나부터 인간까지 모든 생명체는 이 우주와 별개로 존재하는 것이 아니다. 이 우주 전체가 하나인 셈이다. 나와 우주가 별개가 아니고, 나와 꽃이 별개가 아니고, 나와 타인이 별개가 아니다. 우리는 모두 하나다.

그러므로 경쟁한다는 것은 결국 자신과 경쟁한다는 뜻이다. 다른 사람과 경쟁한다는 것은 사실은 어리석은 말에 불과하다. 꿈이 있다면, 자신의 꿈을 실현하기 위해서 오히려 자신과 싸우는 것이 훨씬 낫다.

---

[17] 우리는 이 생애뿐만 아니라 과거의 겁 동안 윤회를 거치면서 인간으로 때로는 새로, 낙타로, 물고기로, 사슴으로, 식물로 태어난 바 있다. 하지만 시작이 없는 나고 죽음의 오랜 세월 동안 윤회하면서도 일체 법이 공함을 깨닫지 못한 것이다. 경쟁심이 강하고 이기려는 욕심이 강한 사람이나 혹은 이기적이고 경쟁이 치열한 사회일수록 동물적 습성이 강하게 남아 있음을 의미한다.

이를 알아차리고 우리가 경쟁에 집중하기보다는, 또 경쟁에 대해 어떤 가치를 부여하려고 하거나 어떤 가치가 있는지를 찾아내려 애쓰기보다는 '경쟁의식이 싹틀 때마다 동물적인 습성에서 나온 것은 아닌지?', 그러면서 '내가 살면서 하고 있는 일들이 나의 욕망이나 사적 이익을 위한 것이 아닌지?', '정말로 다른 사람들에게도 가치가 있는 일인지?'라고 되물어야 한다.

우리 모두는 하나로 연결되어 있다. 태어나면서부터 죽을 때까지 남의 덕분에 살아간다. 아주 작은 곤충 하나부터 인간까지 다른 것의 신세를 지지 않고 홀로 살아갈 수 있는 존재는 없다. 우리가 존재하고, 성장하고, 누리고 있는 모든 것은 누군가의 땀과 노력이 있기 때문이다.

그래서 우리에게는 이 세상에 태어나서 세상을 더 아름답고 더 살만하게 만들어야 할 의무가 있다. 인생은 누군가로부터 얻은 것으로 살아가는 것이기에 우리는 그것을 다시 누군가에게 나누어주며 살아가야 한다.

따라서 우리는 자신의 행위를 올바르게 억제하면서 타인과 더불어 살아갈 수밖에 없다. 그러기 위해서라도 경쟁보다는 서로 더불어 살아가는 '공존의 지혜'를 추구하는 것은 마땅한 일이다. 그리고 그렇게 할 때 비로소 개인의 삶도 커지고 인간으로서 빛이 난다.

그러나 여전히 우리 사회는 끊임없이 경쟁을 요구한다. 우리가 서로 경쟁하도록 어떻게든 경쟁에 대해 어떤 가치를 부여하려고 하고 또 경쟁으로 인해 나타난 조그마한 가치라도 있는지를 찾아내려 애쓴다.

그러나 생물학적 인간으로만 살아간다면, 어지간해서는 이런 업(혹은 습관의 힘)을 끊어내는 것이 쉽지는 않다.

인간과 동물의 차이는 무엇일까?

아무리 우리 인간은 동물과 다르고, 문명생활을 하는 이성적인 동물이라고 말하지만, 인간도 동물이나 식물의 세계와 크게 다를 바가 없는 것이 사실이다.

역사를 통해 볼 수 있듯이 인간도 동물처럼 짝짓기를 하기 위해서, 먹을 것을 차지하기 위해서 서로 싸우고 목숨을 잃기도 하고, 재산과 권력을 차지하기 위해서 부자간에 형제끼리 물고 뜯고 죽이기도 하고, 영토를 확장하거나 혹은 이념이나 종교 때문에 전쟁을 하기도 한다. 약육강식이 법이고, 삶의 원리다. 인간도 동물과 별다른 차이가 없다. 아첨과 권모술수가 난무하고, 악행이 유능한 행위처럼 여겨지기도 한다.

또한 우리 인간도 동물이나 식물처럼 경쟁을 부르짖는다. 심지어 인간의 사회는 동물의 세계보다 더 치열하게 경쟁을 한다.

그렇다면 도대체 인간이 동물과 차이가 있을까? 있다면, 그것은 무엇일까?

예를 들면, 삶의 방식은 어떨까? 인간과 다르게 대부분의 동물들은 제한된 기능만을 잘 다룬다(기능 면에서는 인간보다 뛰어나기도 하다). 그것이 바로 '새는 왜 잘 나는가, 물고기는 왜 헤엄을 잘 치는가, 원숭이는 왜 나무를 잘 타는가, 바이러스는 왜 잘 번식하는가' 하는 이유이다. 그러나 그런 차이가 있다고 하더라도 인간과 동물의 삶이 크게 다르지 않다. 탐욕, 이기심, 거짓말, 질투, 간계, 모함 등 삶의 방식은 인간과 모든 동물의 공통점이다.

섭생의 문제는 어떨까? 뚜렷한 차이가 있긴 하다. 뉴질랜드의 척박한 곳에 사는 호박달팽이처럼 채식에서 육식으로 바꾸는 아주 드문 경우도 있지만, 풀을 뜯어먹고 사는 코끼리는 배가 아무리 고파도 영양을 잡아먹지 않는다. 마찬가지로 사자는 아무리 배가 고파도 사과를 따 먹지 않는다.

그에 비해 인간은 잡식동물이다. 잡식동물은 조상이 섭생원을 바꾸어 왔기 때문이다. 예컨대 산에 사는 고릴라는 날마다 50파운드의 푸른 잎사귀만을 먹어 치우지만, 침팬지는 이것저것 다양하게 먹는다. 과일, 흰개미, 나뭇잎 등을 먹지만, 때에 따라서는 작은 원숭이나 돼지새끼도 먹이의 대상이 된다. 인간 역시 침팬지처럼 잡식동물이다. 그것은 우리의 조상이 잡식동물이었고, 그 습이 아직 남아 있기 때문이다. 아무튼 섭생 역시 동물과 크게 다를 바가 없다.

또한 인간은 이성적인 동물이며, 이타적 행위 특히 자기희생적인 행위를 한다고 말한다. 하지만 동물의 세계에서도 이타적 행위, 즉 서로를 돕거나 자기희생적인 행위를 하는 것은 마찬가지다. 벌들은 무리를 지키기 위해서 자신을 희생하기도 한다. 코끼리들은 진흙이나 호수에 빠져 허우적거리는 어린 새끼를 보면, 자신의 새끼가 아니더라도 서로 힘을 합쳐 돕는다. 심지어 길을 가다 죽은 동족의 사체나 유골을 발견하게 되면, 인간처럼 가던 길을 멈추고 예의를 표하기도 한다. 말들은 넘어진 사람들을 밟지 않기 위해서 조심한다. 인간과 전혀 다를 바가 없다.

도구를 사용하는 것도 마찬가지다. 꼬리감는원숭이는 구멍 속에 나뭇가지를 깊숙이 집어넣어 개미를 잡아먹는가 하면, 단단한 견과를 돌로 깨서 먹기도 하고, 심지어 언덕 위에서 돌을 굴려 재규어와 같은 먹잇감을 공격하여 사냥하기도 한다. 동물들이 굳이 도구를 사용할 필요가 없을 뿐 이 또한 인간과 크게 다를 바가 없다.

결혼을 하기 위해서 집을 장만하는 것도 마찬가지다. 오스트레일리아의 정원사새(bowerbird : '바우어새'라고도 함)는 수컷이 암컷을 유혹하여 짝을 맺기 위해 멋진 집을 마련하고, 집 앞에 화려한 꽃과 나뭇가지로 정원을 꾸민다. 그리고 결혼한 후, 첫날밤을 보낸다. 다른 많은 동물들도 이와 유사한 행동을 한다.

가족을 돌보는 것도 마찬가지다. 물론 동물의 세계도 인간처럼 일부일처제로 사는 동물들도 있고, 그렇지 않은 동물들도 있다. 고릴라, 바다사자, 공작새는 일부다처제를, 꿀벌, 물꿩, 뜸부기, 호사도요는 일처다부제를, 긴팔원숭이, 큰코뿔새, 펭귄, 두루미, 갈매기는 일부일처제로 살아간다. 물론 보노보처럼 다부다처제를 유지하는 동물들도 있다. 하지만 다양한 방식으로 사랑하고 섹스를 나누며 새끼를 낳지만, 새끼가 자랄 때까지 먹여 살리고 키우기 위해 헌신하며 가족을 보살피는 것은 인간과 전혀 다를 게 없다.

집을 짓는 기술도 마찬가지다. 사실 동물들은 인간보다 더 뛰어난 건축가들이다. 아프리카와 호주에 서식하는 흰개미의 건축 규모는 상상을 초월한다. 사람 키를 훌쩍 넘는가 하면, 아파트 4층 높이의 흰개미집을 짓고 산다. 그 규모뿐만 아니라 수백 만 마리가 살지만, 에어컨이 필요가 없다. 항상 섭씨 27도, 습도 60%를 유지한다. 육각형으로 이루어진 벌집 역시 매우 효율적인 건축 구조다. 육각형 구조는 최소한의 재료를 써서 최대한의 공간을 만들어 낼 뿐만 아니라 건물의 힘을 균형 있게 배분시켜 무게의 30배나 되는 꿀을 저장할 수 있을 만큼 튼튼하다. 또한 새들이 둥지를 지을 때는 마치 목수가 대들보, 서까래로 쓰일 목재를 고르듯 새들도 땅 바닥에 떨어져 있는 나뭇가지를 이것저것 수없이 물어보고 알맞은 것들을 하나씩 골라 짓는다.

놀이를 하거나 휴식을 취하며 긴장을 푸는 것도 마찬가지다. 예컨대 병코돌고래에게 조개껍데기나 긴 풀은 장난감이다. 조개껍데기를 곤봉처럼 다루고, 긴 풀을 리본 체조를 하듯이 가지고 놀이를 하며 즐긴다. 또 가끔씩 복어를 공처럼 다루며 놀이를 하기도 하고, 그러다가 술을 마시고 흥에 겨워하듯 복어의 독에 취해 행복해한다. 아무리 봐도 인간과 다를 바가 없다.

쇠똥구리의 비유

이처럼 인간도 동물이나 식물의 세계와 크게 다를 바가 없는 것이 사실이다. 도구를 사용하고, 결혼하고, 집을 짓고, 가족을 돌보고, 놀이를 하는 것도, 정도의 차이만 있을 뿐 전혀 다를 바가 없다.

특히 삶의 방식은 더욱더 그러하다. 동물의 세계에서 펼쳐지듯이 서로에게 고통을 주고 싸우고, 성내고, 다투고, 속이고, 감언이설로 꾀고, 잡아먹고 먹히는 약육강식의 삶의 세계이다. 인간의 세계 역시 인간 중심적 생존경쟁을 통한 적자생존의 삶의 법칙은 동물의 세계와 전혀 다를 바가 없다.

언젠가 내셔널지오그래픽 채널에서 딱정벌레처럼 생긴 예쁜 곤충인 쇠똥구리가 똥을 둥글게 빚은 후, 자신의 몸무게보다 50배나 무거운 똥을 굴려서 땅 속의 굴로 가져가는 모습을 보여준 적이 있다.

쇠똥구리에게 똥은 그들의 재산이다. 똥은 그들의 음식이고, 물이고, 집이고, 짝짓기를 위한 예물이며, 짝짓기 후 낳은 새끼를 키우는 인큐베이터이기도 하다. 그들은 신선한 똥을 찾아다니다가 발견하게 되면 벌떼처럼 모여든다. 그리고 똥을 차지하기 위해 서로가 치열하게 싸운다. 똥을 차지하기 위해 서로 붙잡고 씨름을 하거나, 이를 악물고 톱니 모양의 앞다리로 상대방을 들어 올려 공중으로 날려버리기도 한다. 그 와중에 어떤 쇠똥구리는 다른 쇠똥구리가 애써 둥글게 빚은 똥을 땅 속의 굴로 굴려갈 때 그 길목에서 기다리고 있다가 강탈하기도 한다.

쇠똥구리의 먹이는 대부분 낙타나 코끼리나 기린이나 소나 말 등 초식 동물이 눈 똥이다. 똥은 인간에게는 하찮은 것이다. 하지만 그들은 똥을 최고의 재산으로 여기고 똥을 차지하기 위해서 서로 싸우고, 기를 쓰며 똥을 모은다.

인간은 똥을 차지하기 위해 싸우는 쇠똥구리를 보면서 비웃을지 모른다. 그러나 아마도 우리가 기를 쓰고 모으는 돈도 똥처럼 하찮게 여기는 존재도 있을 것이다. 그 존재('신' 혹은 '깨달은 자')는 쇠똥구리나 인간이나 그 차이는 너무나 미미해서 똑같다고 여길 것이다.

즉 우리 인간은 동물과 다르게 돈을 최고의 재산으로 여긴다. 똥 대신 돈을 벌기 위해 일하고, 똥 대신 돈을 차지하기 위해 싸운다. 다만 똥 대신 돈일 뿐, 결국 인간도 똥을 차지하기 위해 몸부림치는 쇠똥구리나 다를 바가 없다. 돈 때문에 죄를 짓고, 돈 때문에 많은 고통을 받으며 살고 있다. 쇠똥구리에게는 하찮게 보이는 돈을 차지하기 위해 인간이 몸부림치며 살고 있는 것이다.

이는 한 차원 높은 존재가 볼 때는 인간이나 쇠똥구리나 똑같다고 여길 것이다. 혹은 '신의 눈'이라는 것이 있다면, 쇠똥구리나 인간이나 세계에 대한 인식의 차이가 너무 미미해 거의 다르지 않는 것처럼 보일 것이다.

아니, 오히려 인간은 다른 동물보다 더하다. 이미 말했듯이 코끼리는 아무리 배가 고파도 영양을 잡아먹지 않으며, 사자는 아무리 배가 고파도 사과를 따먹지 않는다. 또한 배가 고프지 않으면 만족할 줄 알고 눈앞에 먹잇감이 있더라도 며칠이고 사냥을 하지 않는다. 그야말로 생존에 필요한 것으로 아주 단순하다.

이에 비해 인간의 탐욕과 욕망과 욕심은 한도 끝도 없다.

> 황금이 비처럼 쏟아진다 해도 사람의 욕망을 다 채울 수 없다. ―법구경 186[18)]

> 갈증이 나지 않을 때도 물을 마시는 동물은 유일하게 인간뿐이다. ―헬렌 니어링(《소박한 밥상》의 저자)

이 우주 만물 가운데 생존에 필요한 것으로 만족하지 않고 탐욕을 부리는 동물은 인간뿐이다.

또한 오직 인간만이 탐욕 때문에 자연을 파괴한다. 자연은 모든 존재에게 공평하다. 우리가 보기에 비록 곤충과 초목 같은 미천한 것들일지라도 모두 자신의 자리를 찾아가기를 원한다. '나와 너', '크고 작음', '하나와 다수'의 분별도 차별도 없다. 그 안에서 만물은 각자 생명의 순환법칙대로 존재한다. 오직 인간만이 자아중심의 자의적인 분별과 만족할 줄 모르는 끝없는 탐욕 때문에 이 아름다운 금수강산도, 지구도, 우주도 흠집을 내는 것이다.

철학자들은 인간은 만물의 영장이고, 이성적인 동물이라고 말한다. 그러나 오히려 항상 두 가지 상충하는 유혹에서 허덕이며 살아간다.

> 이성이니 합리성이니 쉴 새 없이 말하지만 지배하는 것은 언제

---

18) 유중 옮김,《하룻밤에 읽는 법구경》, 80쪽

나 동물적 충동이다. 삶에 대해 고뇌하고자 하는 욕구도 생겨나지만, 결국 편안함, 안정, 권력, 명예와 돈을 추구한다. 인류의 평화와 행복을 추구하는 욕구도 생겨나지만, 금세 한순간 무너지고 서로 싸우고, 원한을 품고, 다투며 살아간다. 동물적 본능을 따르는 것이다.

인간은 의식에서만큼은 풍요롭다고 한다. 이는 자발적이고 자유로운 선택을 의미하지만, 이 역시 생물학적 관점에서 볼 때 인간은 별다른 존재가 아니다. 남다른 가치를 가진 존재도 아니며 남다른 목적을 부여받지도 못했다. 인간도 다른 모든 생명체와 같이 아무런 질적 차이가 없다. 인간은 겉으로는 매우 복잡한 듯이 보이는 문화나 문명으로 치장을 하고 있지만 여전히 적자생존에 따르는 동물적 습성은 그대로이다.[19]

이와 같이 생물학적 관점에서 볼 때, 인간은 별다른 존재가 아니다. 우리 인간 역시 동물적 본능을 갖고 살아가는 허무주의적이고 목적의식을 결여한 존재들이다. 대부분의 인간이면 누구나 자아에 대한 강한 집착과 생존욕, 편안함, 안정, 성취감 등 동물적 본능을 갖게 마련이고, 그것을 쟁취하기 위해서 싸우며 살아간다. 인간과 동물 사이에는 대부분 아무런 질적 차이가 없다. 단지 어느 특정한 능력에서 동물과 인간은 서로 정도의 차이를 보일 뿐이다.

즉 생물학적 인간으로만 살아간다면, 우리는 쇠똥구리와 크게 다를 바 없는 것이다. 자아라는 생각에 집착하고, 에고에 대한 강한 생존욕을

---

19) 남기영 외, 《인간이란 무엇인가》, 62~71쪽 참고, 민음사, 1997

가지고, 남을 이기려는 이기적인 경쟁에 힘을 낭비하며, 욕망과 이기심을 채우기 위해 탐욕을 부린다.

우리가 오랜 동안 이어져온 동물적 습성을 지닌 생물학적 인간으로 존속하는 한, 이러한 욕구로부터 완전히 자유로워지는 것은 어려울 것이다. 그래서 우리는 끊임없이 업을 짓는다.

깨달은 인간이란 무엇인가?

그렇다면 우리는 끝내 이런 생물학적 인간에서 벗어날 수 없단 말인가? 다행스럽게 인간은 이를 극복할 수 있는 지혜가 있다. 이것이 부처의 가르침이다.

예컨대 우리는 누구나 몸과 마음이 편안하고 즐거운 삶을 원한다. 그런데도 우리는 왜 모두가 즐겁게 살지 못하고, 서로에게 고통을 안겨주며 무슨 원한이라도 있는 것처럼 서로 상대가 되어 성내고 싸우고 죽이는 걸까? 만물의 영장이라고 말하는 인간이 왜 동물 세계와 다를 바가 없이 생각하고 말하고 행동하는 걸까? 우리는 왜 여전히 이런 동물적인 습관의 힘에서 벗어나지 못하고, 심지어 어떤 경우에는 짐승보다 못한 잘못을 저지르는 걸까?

그러나 항상 어떤 문제가 있다면 혹은 어떤 의문을 품고 있다면, 인과법칙으로 돌아가라고 말한 바 있다. 어떤 문제든지 반드시 그 원인이 있고, 어떤 의문이든 인과법칙 속에 그 답이 있기 때문이다.

우리는 왜 잘못을 저지르는가?

이는 부처가 살아 있는 당시 석제환인도 이와 같은 의문을 가지고 있었다. 그래서 모든 생명체들이 무슨 원한이 있기에 서로 싸우며 살아가는지 그 의문을 풀기 위해서 석제환인이 부처를 찾아가 묻는다. 이를 아주 간략하게 소개하면 이렇다.

어느 날 부처님께서 마가다국의 암바라 마을 북쪽 비타산에 있는 인타바라 굴 속에 계셨다. 그때 석제환인(釋提桓因 : 제석)이 미묘하고 착한 마음을 내어 부처님을 찾아가 물었다.

"세상 모든 사람과 그 밖의 중생들은 다 무슨 원한이 있기에 서로 상대가 되어 성내고, 다투고, 싸우고, 끝내는 원수가 되어 고통을 주는 것입니까?"

"모든 원한이 생기는 것은 다 '탐욕과 질투' 때문이다. 탐욕과 질투로 인해 모든 중생들이 서로 해를 입히는 것이다."

"그렇다면 탐욕과 질투는 무엇 때문에 생기고 어떤 것이 인(因)이 되며 어떤 것이 연(緣)이 되며, 또 무엇이 그 근본이 되고 무엇을 따라 생기며 무엇을 따라 없어지는지는 것입니까?"

"탐욕과 질투는 다 '사랑하고 미워하는' 데에서 생겨난다. 사랑과 미움이 그 인이 되고, 사랑과 미움이 그 연이 되며, 또 그 근본이 된다. 이것이 있어 생겨난 것이고 그것이 없으면 곧 없어진다."

"그렇다면 그 사랑과 미움은 또 무엇 때문에 생겨나며 무엇이 그 인이 되고 연이 되며, 무엇이 그 근원이 되고 무엇을 따라 생기고 무엇을 따라 없어지는 것입니까?"

"사랑과 미움은 ('욕심' 때문에 생기고, 욕심은 '생각' 때문에 생기고,

생각은)[20] '헤아림(분별)' 때문에 생기는 것이다. 헤아림이 인이 되고, 연이 되며, 또 헤아림이 그 근원이 된다. 이것이 있어 생겨난 것이니 이것이 없으면 곧 없어진다.

만약 헤아림이 없으면 ('생각'이 없어지고, 생각이 없으면 '욕심'이 없어지고, 욕심이 없으면) 사랑과 미움이 없어지고, 사랑과 미움이 없으면 곧 탐욕과 질투가 없어진다. 그리고 탐욕과 질투가 없으면, 일체 중생이 서로 상처를 주거나 해를 입히지 않을 것이다. 이렇게 헤아림을 연하는 것이 근본이 된다. 헤아림이 인이 되고 헤아림이 연이 되며 헤아림이 그 근본이 된다.

헤아림이 있어 (…) 사랑과 미움이 생기고, 사랑과 미움이 있어 탐욕과 질투가 생기며, 탐욕과 질투로 인해 중생이 서로 상처를 주고 해를 입히는 것이다." —《장아함경》〈석제환인문경(釋提桓因問經)〉[21]

인간을 포함한 모든 생명체가 서로 성내고, 다투고, 싸우고, 원한이 생기는 것은 다 탐욕과 질투 때문이다. 그리고 그 근원은 헤아림(즉 '분별심')이 있기 때문이다. '나와 너', '나와 나 아닌 것'으로 분별하고, '내 것과 네 것'으로 분별하기 때문이다. 그로 인해 모든 생명체들이 서로 해를 입히는 것이다.

이것이 우리가 잘못을 저지르고, 여전히 동물적인 습관의 힘에서 벗

---

20) 이를 경전에서는 자세히 풀이하고 있다. 즉 모든 원한은 '탐냄과 질투' 때문이고, 탐냄과 질투는 '사랑과 미움' 때문에 생기고, (사랑과 미움은 '욕심' 때문에 생기고, 욕심은 '생각' 때문에 생기고, 생각은) '헤아림' 때문에 생긴다. 여기서는 복잡한 과정을 단순화시키기 위해 이렇게 줄여 놓았다.
21) 김월운 옮김, 《장아함경》 1권, 420~424쪽 참고, 동국역경원, 2009

어나지 못하고 있는 이유이다.

　오늘날 인간이 아무리 좋은 환경에서 편리하게 살고 있고 동물과 달리 문명생활을 누리고 있다고 하지만, 우리가 여전히 동물처럼 서로서로에게 고통을 안겨주고 잘못을 저지르며 살고 있는 것은 바로 헤아림(즉 '분별심') 때문이다.

지혜란 무엇인가?
　그렇다면 우리는 끝내 이런 생물학적 인간에서 벗어날 수 없단 말인가? 다행스럽게 인간은 이를 극복할 수 있는 지혜가 있다는 것이다.
　물론 다른 동물들에게도 지혜가 있다. 하지만 인간의 지혜는 생존에 필요한 동물적인 지혜를 말하는 것이 아니다. 생물학적 인간에서 벗어날 수 있는 인과의 깨달음과 같은 지혜가 있다는 것이다. 물론 이런 '차이'도 인간과 동물이 본질적으로 '다르다'는 것은 아니다.
　예컨대 개구리의 예에서 보았듯이 개구리와 달리 인식력의 질적인 차이가 있다면, 인간은 일종의 지적 초월을 시도하는 것이다.

> 이를 흔히 반야(般若)라고 한다. 이는 일반적인 의미에서의 지혜와 차이가 있다. 생존에 필요한 지식이나 지혜도 아니고, 분석이나 판단, 창조, 사고 능력을 가리키는 것도 아니고, 우리가 이해하고 있는 재지(才智: 재주와 지혜)를 뜻하는 것도 아니다. 일체 현상의 진실한 실상을 깨달은 지적 경지를 가리킨다.[22]

---
22) 지뿌, 《반야심경》, 134쪽 참고, 일빛, 2015.

즉 중생이 서로 상처를 주고 해를 입히는 것은 '헤아림(분별심)' 때문이다. 헤아림이 있어 사랑과 미움이 생기고, 사랑과 미움이 있어 탐욕과 질투가 생기고, 탐욕과 질투로 인해 중생이 서로 상처를 주고 해를 입히는 것이다. 인간은 이를 알아차리고 깨달을 수 있는 지혜가 있다는 것이다.

그래서 헤아림을 없애면 사랑과 미움이 사라지고, 사랑과 미움을 없애면 탐욕과 질투가 사라지고, 탐욕과 질투를 없애면 일체 중생이 서로 상처를 주거나 해를 입히지 않게 된다는 것이다.

우리가 서로 상처를 주고 해를 입히는 것은, 결국 '헤아림(분별심)'이 인이 되고 연이 된다. 헤아림이 그 근본이 되어 '나와 너'로 분별하고, 그로 인해 차별하기 때문이다.

그로 인해 '나와 나 아닌 것'으로 갈라지고, '이것은 나의 것이다, 이것은 네 것이다'로 갈라지고, '나는 너보다 낫다, 나는 너보다 못하다'로 갈라지고, '나는 너와 다르다, 나는 너와 같다'로 갈라지고, 생존에 '유리하다와 불리하다'로 갈라지고, '기분이 좋다와 나쁘다'로 갈라지고, '좋아한다와 싫어한다'로 갈라진다. 그로 인해 온갖 감정과 차별이 일어나는 것이다.

그러나 우리는 이미 알고 있다. 이 우주를 구성하고 있는 시간, 공간, 에너지, 물질이 모두 별개가 아니고, 작은 풀잎 하나부터 우리 인간을 포함한 모든 생명체가 별개가 아니고, 이 우주 전체가 하나라는 사실을 알고 있다. 나와 우주가 별개가 아니고, 나와 꽃이 별개가 아니고, 나와 타인이 별개가 아니다.

이렇게 우주에 존재하는 삼라만상의 실상을 깨닫게 되면, 무아법(無我法)을 깨닫게 된다. 무아를 깨닫게 되면 자아를 초월하게 되고, 자아를 초월하게 되면, 헤아림, 즉 분별심이 비집고 들어설 틈이 없게 된다.

무명(無明)이란 이런 우주와 삼라만상의 실상을 깨닫지 못하는 것을 의미한다.[23] 이런 우주의 실상을 깨닫지 못할 때 무명에 가려져, '나' 혹은 '나의 것'이라는 생각에 집착하게 되고, 이런 자아의 집착으로 인해 어리석음에 빠지게 되고, 탐욕을 추구하게 되고, 성내며 다투는 것이다. 그리고 그로 인해 각종 업을 짓는 것이다.

자신의 마음속을 잘 들여다보면, 경쟁과 다툼은 "이것은 나다, 이것은 나의 것이다" 혹은 "나는 너가 아니다, 나는 너와 다르다" 혹은 "나는 너보다 낫다, 나는 너보다 못하다"라는 분별심이 있기 때문이다. 그러면서 기를 쓰고 자기 욕심을 채우려고 하기 때문이다.

그러나 이 세계의 일체 현상의 본질적인 것을 이해한다면, 이런 미혹과 어리석음에서 벗어날 수 있다.

이를 깨닫고 이런 미혹과 어리석음에서 벗어나게 되면, 이것이 '나'가 아니고 '나의 것'이 아닌데, 누구를 위해 탐욕을 부리고 성내고 어리석은 짓을 하겠는가?

> 어떤 것을 지혜(智慧)라 하는가? 탐욕을 항복 받고 탐욕을 끊으며 탐욕을 뛰어 넘는 것이니 이것을 지혜라 하느니라. ―〈지법경(知法經)〉

깨달음은 일체 현상의 진실한 실상을 깨달은 경지를 가리킨다. 이것

---

[23] 깨달음이란 우주와 삼라만상의 실상을 깨닫는 것을 의미한다. 무명은 이를 깨닫지 못한 것이다. 따라서 깨달으면 무명이 사라진다. 즉 깨달음과 무명이 깊은 도랑을 사이에 둔 것처럼 서로 건널 수 없는 별개의 경지가 아닌 것이다.

이 경전에서 말하는 지혜이다. 이를 굳이 반야 지혜라고 말하는 것은 (우리가 흔히 말하는 생존에 필요한 지식이나 지혜가 아니라) 일체 현상의 진실한 실상을 깨달은 지적 경지를 가리키기 때문이다.

우리에게는 이를 깨달을 수 있는 지혜가 있다는 것이다. 모든 생명체는 다 평등하지만, 인간이 다른 동물과 차이가 있는 것은 이런 지혜를 통해 동물적인 습관의 힘에서 벗어날 수 있다는 것이다.

그 결과 우리가 생물학적 인간에서 벗어나, 자아를 초월한 '깨달은 인간'(자아를 초월하게 되면, 무슨 원한이라도 있는 것처럼 서로 상대가 되어 성내고, 다투고, 싸우면서 서로 상처를 주고 해를 입히는 생물학적 구속을 초월할 뿐만 아니라, 생과 사, 생존욕과 같은 생물학적 구속을 초월하게 된다)으로서 삶을 살아갈 수 있다는 것이다.

10
모든 것은 마음의 산물이다

사람은 아니 모든 존재는 행복하기를 바란다. 그러나 인정하든, 인정하지 않든 행복을 느끼는 사람은 별로 드물다. 그것은 왜 그럴까? 분별과 차별 때문이다. 분별하려는 마음 때문에 사랑과 미움이 생기고, 사랑과 미움으로 인해 탐욕과 질투가 생기며, 탐욕과 질투로 인해 서로 상처를 주고 해를 입히기 때문이다.

인간은 사랑, 정, 자비, 연민 등의 감정을 가진 생명체다. 하지만 또 한편으로는 나, 아집, 아만, 편견 등을 가지고 있다. 그래서 내가 좋아하고 애착을 가지고 있는 사람이 잘못을 하면 너그럽게 용서를 하고 배려도 하지만, 내가 싫어하고 미워하는 사람이 잘못을 하면 배려는커녕 화를 내게 된다. 이는 우리가 분별하고 차별하는 데 익숙해져 있기 때문이다.

이는 우리가 모든 존재나 대상을 연기적으로 인식하지 못하고, 우주 만물이 실재한다는 미혹에 사로잡혀 생활하기 때문이다. 이런 그릇된 이해로 인해 인생에 있어서 '나'와 '나의 것'이라는 생각에 집착하게 된다.

그로 인해 우리가 일상생활에서 마주치는 각종 재물이나 권력, 지위, 명예 등에 강렬한 집착과 소유욕을 불러일으키게 되고, 이것들이 결국 인생의 각종 번뇌와 고통과 다툼의 원인이 된다. 그 결과 자아를 초월한 '깨달은 인간'으로서의 행복한 삶을 살지 못하고, 업을 짓는 것이다.

그렇다면 우리 눈에 실제로 존재하는 것처럼 보이는 것들은 과연 무엇일까?

이미지를 보지 말고 실체를 보라

우리 눈에는 대단히 복잡해 보이지만, 세상은 생각보다 단순하다. 아인슈타인은 "사실이며 아름다운 것은 단순하다. 자연에는 단순한 법칙이 숨어 있다"고 말한 바 있다. 그가 상대성이론을 증명하기 위해 방정식을 만들면서 한 말이다.

우리가 많이 들었던 말 가운데 이런 말이 있다.

> 모든 것은 오로지 마음이 지어내는 것이다(일체유심조一切唯心造). —《화엄경》,〈보살설게품(菩薩設偈品)〉

이 말은 《화엄경》에 나오는 구절이지만, 아주 의미심장한 말이다. '일체유심조(一切唯心造)'라는 놀라울 정도로 단순한 이 다섯 글자 속에 우주의 모든 이치가 함축되어 있기 때문이다.

아인슈타인은 특수상대성이론을 증명하기 위해 $E=mc^2$(에너지가 곧 물질이고, 물질이 곧 에너지다), 일반상대성이론을 증명하기 위해 $Rij - \frac{1}{2}gijR = -kTij$(시공이 곧 물질이며 에너지이다. 이는 곧 시간과 공간, 물질과 에너지가 모두 하나라는 뜻이다)라는 방정식을 만들었다. 언뜻 주문처럼 보이기도 하지만, 이 기호 속에 우주가 함축되어 있는 것이다. 이에 비해 생각하면, 이 방정식 역시 놀라울 정도로 단순한 방정식이라고 할 수 있다.

마찬가지로 '일체유심조'라는 이 다섯 글자 속에 우주의 모든 이치가 함축되어 있는 것이다. 한 가지 차이가 있다면, 아인슈타인의 방정식에 비해 이 말 속에는 객관적으로 존재하는 세계뿐만 아니라 주관적으로 체험하는 정신적인 세계까지를 포함하고 있다는 것이다.

그래서 잠시 이 말 속에 담겨 있는 내용과 의미를 되새겨 보지 않을 수 없다. 크게 두 가지로 나누어 살펴보면 이렇다.

첫째, 이는 우리가 눈으로 보는 현상계의 '삼라만상은 마음이 지어낸 것이다'라는 뜻이다. 이 세상의 모든 존재는 연기적 존재이다. 그 어떤 것도 다른 요소의 결합체일 뿐 스스로 혹은 홀로 존재할 수 없다. 이것이 있어 저것이 있고, 이것이 사라지면 저것도 사라진다. 그래서 모든 것이 공(空)한 것이다.

따라서 이 말은 세상의 모든 만물은 사실은 '공(空)'한 것이지만, 우리의 마음이 외부의 대상을 실재한다고 인식한다는 뜻이다.

예를 들면, 우리는 집을 보면, 이를 집이라고 인식한다. 하지만 집이란 사실은 주춧돌이나 기둥이나 벽돌이나 기와 등 집 아닌 다른 요소들의 결합체이다. 집이라는 실체가 있는 것이 아니다. 그런데도 우리는 그것을 집이라고 인식하는 것이다.

이처럼 어떤 개체가 사물을 인식할 때, 정말로 그 사물 '자체'를 인식하는가? 아니면 그 '형상(혹은 이미지)'을 인식하는가? 사실상 내가 인식하는 것은 그 형상이고 이미지이지 그 사물 자체는 아니다. 사실은 각 개체가 인식하는 모든 것은 마음이 지어낸 '마음의 상(相)'이다.

그러나 범부들은 그 형상과 이미지만 볼 뿐 그 사물의 실체를 보지 못한다.

> 도는 어디에나 있다. 사물을 볼 때, 마음을 본다. 그러나 중생들은 오직 형상만 볼 뿐 마음을 보지 못한다. ―보통(寶通, Pao-t'ung : 732-824, 당나라 때 선사)[24]

---

24) Red Pine, 《*The heart sutra*》, p.34, Counterpoint. 2004

그래서 사물을 볼 때 '마음이 지어낸 것이구나'라고 알아차리게 되면, 도 아닌 것이 없다는 것이다.

> 도 아닌 곳이 없다. 사물을 볼 때, 마음을 본다." — 협산(夾山, Chia-shan : 805-881, 일명 Shan-hui로도 알려짐)²⁵⁾

즉 우리는 집이라는 형상을 보면, 마음을 보지 못하고 집이 실재한다고 믿는다. 이런 망상이 욕심을 불러일으키게 되고, 그로 인해 탐, 진, 치에 물들게 된다. 그리고 그 결과 업을 짓는 것이다. 그래서 범부라고 하는 것이다.

예컨대 집은 주춧돌이나 기둥이나 벽돌이나 기와의 결합체이고, 도공이 빚은 도자기는 흙과 물과 불의 결합체이다. 조개껍질은 수산화칼슘과 이산화탄소가 결합한 탄산칼슘의 덩어리이고, 보석 가운데 우아하고 아름다운 빛깔의 진주는 조개의 분비물과 모래나 유기물이나 기생충 등의 결합체이다.

우리가 집, 도자기, 조개껍질, 진주라고 인식하는 것은 그 형상이고 이미지이지 그 사물 자체는 아니라는 것이다. 공은 형상이나 이미지가 없다. 하지만 우리가 집, 도자기, 조개껍질, 진주라고 인식하는 것은 우리 마음이 지어낸 이미지이고 상이다.

> 공은 이미지가 없지만, 모든 이미지의 근원이다. 미묘한 이치는 말이 없지만 모든 말의 근원이다. 따라서 이미지는 이미지가 아닌

---

25) Red Pine, 《The heart sutra》, p.34

것으로부터 나오고, 말은 말이 아닌 것으로부터 나온다. 말은 중생들이 사물에 대한 반응으로 발생한 것이고, 이미지는 중생들의 마음에 따라 나타난 것이다. ─혜정(慧淨, Hui-ching : 578-650, 당나라 때 승려)[26]

따라서 이제 사물을 볼 때 시선이 달라져야 한다. 사물을 볼 때 이것은 실재가 아니라 나의 마음이라는 것을 알아차려야 한다. 사물을 보는 순간 욕심이 생긴다면, 내 마음이 욕심을 부리는 것이다.

《대승기신론(大乘起信論)》에서 말하길 "제법(諸法)은 마음을 의미한다. 제법은 그 자체로 존재하지 않는다. 제법은 마음이 있기 때문에 존재한다. 그러나 마음 또한 그 자체로 존재하지 않는다. 마음은 제법이 있기 때문에 존재한다. 왜 그럴까? 제법이 없다면, 마음이 생각할 것이 아무것도 없다. 그리고 생각할 것이 아무것도 없다면, 법도 없고, 마음도 없다. 따라서 이 둘을 구별하는 것은 미혹한 것이다. 구별하지 않는 것이 제법의 본질을 이해하는 것이다. ─제바(提婆, Deva, 250년경, Āryadeva라고도 함, 인도의 불교학자로 나가르주나의 제자)[27]

즉 제법(모든 존재와 현상)이 곧 마음이고, 마음이 곧 제법이다. 우리가 집, 도자기, 조개껍질, 진주라고 인식하는 것은 모두 우리 '마음의 상'이다. 따라서 제법이 공한 것이다.

---

26) Red Pine, 《The heart sutra》, p.39~40
27) Red Pine, 《The heart sutra》, p.89

우주도 마음의 상이다. 우주도 공한 것이다. 이것이 '일체유심조'의 가르침이다.

이렇게 제법이 공함을 알면, 모든 사물과 현상이 마음이 지어낸 상임을 알면 외부의 물질적 세계로부터 마음에 걸림이 없게 된다. 탐하는 마음이 사라지기 때문이다.

둘째, 이는 '세상 모든 것은 마음에 달려 있다'는 뜻이기도 하다. 즉 이는 물질뿐만 아니라 정신적인 세계도 마찬가지라는 의미이다.

《반야심경》에 나오는 "모든 법은 공하여 나지도 멸하지도 않으며, 더럽지도 깨끗하지도 않으며, 늘지도 줄지도 않느니라"라는 구절이 있다.

우리에게 잘 알려진 원효는 이 구절을 연상시키는 유명한 일화를 남기기도 했다.

유학 길에 오른 원효가 잠결에 목이 말라 해골에 괸 물을 마셨는데 시원했다. 날이 새어 깨어 보니 그 마신 물이 해골에 괸 물이었다는 것을 안다. 원효는 그 순간 본래 사물 자체에는 더러움(垢)도 깨끗함(淨)도 없지만, 모든 것이 마음에 달려 있음을 깨닫고는 유학 길을 그만둔다. 공은 나지도 멸하지도 않고, 더럽지도 깨끗하지도 않고, 늘지도 줄지도 않지만, 우리 마음이 그렇게 인식하는 것이다. 굳이 유학을 가지 않아도 '제법공상(諸法空相)'을 깨달은 것이다.

여기서 말하는 제법(諸法)은 물질뿐만 아니라 정신적인 세계까지를 아우르는 말이다. 원효는 형상을 통해 이와 같은 '제법공상(諸法空相)'을 깨달은 것이다.

이는 우리가 보는 어떤 사물이나 개체의 좋음과 나쁨, 아름다움과 추함, 더럽거나 깨끗하거나, 귀엽거나 징그럽다고 인식하는 것도 그 형상과 이미지를 보고 느끼는 '마음의 상'이다.

해골에 괸 물을 마시고 시원하게 느낀 것도 마음이고, 해골에 괸 물이라는 것을 아는 순간 더럽다고 느낀 것도 마음이다.

각 개체가 인식하는 모든 대상도 마음의 상이고, 모든 가치 판단이나 사유 작용을 하는 근본뿐만 아니라 깨달음 또한 마음에 달려 있다. 그래서 모든 것은 마음의 산물이라고 말하는 것이다.

따라서 우리가 집, 도자기, 조개껍질, 진주라고 인식하는 것은 우리 '마음의 상'이라고 말했듯이 자아, 인간, 중생, 목숨, 심지어 지혜, 불법, 깨달음이라고 인식하는 것도 '마음의 상'이다.

이를 깨닫게 되면, 깨달음에도 집착하지 않는다. 깨달음이란 일법(一法)도 없기 때문이다. 그래서 깨달음 또한 그 어디에서 찾아지는 게 아니다.

> 즉 자아, 인간, 중생, 목숨이라는 생각에 집착하는 것은 시간과 공간이라는 물질적인 세계에 얽매이는 것이고, 법이나 법이 아닌 것에 집착하는 것은 개념적인 세계에 얽매이는 것이다. 깨달음에 집착하는 것은 공에 얽매이는 것이다.[28]

따라서 제법이 마음의 상임을 알면, 외부의 물질적 세계뿐만 아니라 내적인 정신적인 세계까지 마음에 걸림이 없게 된다. 예컨대 "나는 거지라도 행복하다"라고 느끼면 행복하다.

우리가 느끼는 기쁨과 슬픔, 만족과 불만족, 행복과 불행, 더 나아가서 욕망을 쫓는 세속적인 삶에 머물러 살지 혹은 열반에 머무르는 삶을 살

---

28) 유중 번역·해설, 《하룻밤에 읽는 금강경》, 81쪽, 사군자, 2016

지도 각자의 마음에 달려 있다.

> 지혜와 미혹은 근본적으로 다르지 않다. 차안과 피안 또한 근원이 본질적으로 같다. 오온이 존재한다고 생각하면, 미혹한 것이고 차안에 머물고 있는 것이다. 그러나 오온이 공하다고 생각하면, 지혜가 있는 것이고 피안에 머물고 있는 것이다. ―진가(眞可, Chen-k'o : 1543-1603, 명나라 때 승려)[29]

마음이 세속에 집착하지 않으면, 세속에 살면서도 세속에 물들지 않는 것이다. 이는 세속에 살면서도 피안에 머물고 있는 것이다(부처의 눈으로 보면 세간과 열반이 별개가 아니다). 마치 연꽃이 진흙 속에서 피어나지만, 더러움에 물들지 않는 것과 같다.

> 만약 누가 이렇게 될 수 있다면, 존재하지 않으면서 존재에 머무르게 된다. 존재를 존재라고 생각하지 않기 때문이다. 공이라는 공에 집착하지 않으면, 공하지 않으면서 공에 머무르게 된다. ―정각(淨覺, Ching-chueh, 683-750, 당나라 때 선승)[30]

이것이 부처의 모습이다. 부처가 깨닫고 난 후, 세간에 살면서도 공에 머물렀고, 존재하지 않으면서 존재에 머물렀고, 공하지 않으면서 공에 머물렀다. 부처는 존재와 공을 자유자재로 넘나든 것이다.

결국 마음에 구속받지 않게 되면, 그 어떤 것에도 걸림이 없어 대자유

---

[29] Red Pine, 《The heart sutra》, p.32
[30] Red Pine, 《The heart sutra》, p.49

를 누릴 수 있는 것이다.

《화엄경》에 나오는 '일체유심조(一切唯心造)'는 객관적으로 존재하는 세계뿐만 아니라, 주관적으로 체험하는 정신적 세계까지를 모두 포함한 개념이다.

무지란 모든 것이 마음의 상임을 깨닫지 못하는 것이다. 제법이 공함을 알지 못하는 것이다. 무지로 인해 탐욕을 부리고 죄를 짓고 업을 짓는 것이다.

그러나 무지로 인해 이 세상에서 탐욕을 부리고 무엇을 얻는다고 하더라도, 결국 허망하다. 즉 죄를 지으면서 무엇을 얻는다고 하더라도, 결국 허망하다. 실제 존재하는 것이 아니기 때문이다. 무상(無常)하기 때문이다. 결국 업만 지을 뿐이다.

지혜란 이를 아는 것이다. 이를 깨닫게 되면, 마음을 자유자재로 다스릴 수 있다. 마음의 주인이 되는 것이다.

> 탐욕의 공함을 알면 관대함을 닦게 되고, 죄의 공함을 알면 도덕을 닦게 되고, 나머지 바라밀도 이와 같다. 무지의 공함을 알면 지혜를 닦게 된다. ……색이 공함을 알면 눈의 주인이 되고, 소리가 공함을 알면 귀의 주인이 되고, 나머지 감각들도 이와 같다. 제법이 공함을 알면 마음의 주인이 된다. 주체가 공함을 알면 내면의 주인이 되고, 객체가 실재가 아님을 알면 외부(세계)의 주인이 된다. ─혜정(慧淨, Hui-ching : 578-650, 당나라 때 승려)[31]

---

31) Red Pine, 《The heart sutra》, p.49~50

부처의 가르침은 한마디로 '마음의 경전'이라 할 수 있다. 《법구경》에서 말하고 있듯이 "모든 것은 마음이 근본이다. 모든 것은 이 마음이 만들어낸 것이고, 모든 것이 이 마음에서 생겨난 것이다."

따라서 이 세간도 우리의 마음이 깨끗하면 온 세상이 청정해지고, 마음에 때가 끼면 온 세상이 더럽혀진다.

> 마음이 청정하면 세계가 청정하고, 마음이 흔들리지 않으면 세계가 한결같다. ―정각(淨覺, Ching-chueh, 683-750, 당나라 때 선승)[32]

그러나 문제는 인간이 어지간해서는 그 마음을 붙잡기가 참으로 힘들다는 것이다. 《법구경》에서도 말하고 있듯이 마음은 변덕스러워 붙잡기 어렵고, 볼 수도 없고 미묘하며 욕심나는 곳이면 어디든지 그 욕망 따라 날아가기 때문이다.

> 마음은 변덕스러워 붙잡기 어렵고,
> 욕심나는 곳이면 어디든지
> 그 욕망 따라 날아간다.
> 마음을 잘 길들이면 평화를 가져온다. ―법구경 35[33]

> 마음은 볼 수도 없고 미묘하며,
> 욕심나는 곳이면 어디든지
> 그 욕망 따라 날아간다.

---

32) Red Pine, 《The heart sutra》, p.49
33) 유중 옮김, 《하룻밤에 읽는 법구경》, 24쪽

마음을 잘 지키면 평화를 가져온다. ―법구경 36[34]

마음은 홀로 멀리 가기도 하고,
모양도 없이 꼭꼭 숨어 있기도 하지만,
이 마음을 억제하는 사람은
죽음의 굴레에서 벗어나 자유를 얻으리라. ―법구경 37[35]

마음은 보이지도 않고 형체도 없어 지키기가 어렵고 다루기가 힘들다. 그래서 마음의 주인이 되지 못하고, 마음의 종이 되기 쉽다.
하지만 우리 범부들에게도 전혀 희망이 없는 것은 아니다. 앞에서도 말했듯이 우리 인간에게는 이를 극복할 수 있는 지혜가 있기 때문이다.

지혜란 무엇인가

마음은 보이지도 않고 형체도 없어 지키기가 어렵다. 하지만 인간이 동물과 차이가 있다면, 그것은 우리 인간에게 이를 극복할 수 있는 지혜가 있다는 것이다. 우리가 생물학적 인간에서 벗어나 자아를 초월한 '깨달은 인간'으로서 삶을 살아갈 수 있다는 것이다.
만약 우리가 자아를 초월하게 되면 탐욕과 성냄과 어리석음에서 벗어날 수 있고, 또 그로 인해 업으로부터 벗어날 수 있다. 그래서 이를 반야

---

34) 유중 옮김, 《하룻밤에 읽는 법구경》, 24쪽
35) 유중 옮김, 《하룻밤에 읽는 법구경》, 24쪽

지혜라고 한 것이다.

물론 인간들 사이에서도 질적인 차이가 있다.

(흔히) 불교에서는 반야, 즉 지혜를 세 가지 차원으로 구분한다. 첫 번째는 세속적인 지혜이다. 예컨대 무상한 것을 영원한 것으로 보고, 청정하지 않는 것을 청정한 것으로 보고, 자아가 없는 것을 자아가 있다는 것으로 보는 견해이다. 이러한 형태의 지혜는 세계의 모든 중생들이 공통으로 갖고 있는 견해이다. 그러나 이는 본질적으로 잘못된 견해에도 불구하고 대부분의 중생들은 그런 생각을 갖고 죽을 때까지 살아간다.[36]

두 번째는 형이상학적인 지혜이다. 예컨대 영원하게 보이는 것을 무상한 것으로 보고, 청정하게 보이는 것을 청정하지 않는 것으로 보고, 자아가 있다고 보는 것을 자아가 없는 것으로 보는 견해이다. 이는 명상과 철학을 갖춘 사람들이 갖는 더 높은 차원의 지혜이다. 설일체유부(說一切有部)와 같은 초기 불교 종파(부파불교)들의 지혜의 특징이기도 하다. 이는 실체를 더 고차원적으로 꿰뚫어 보는 통찰력을 지닌 수행자들을 낳기도 했고, 이러한 지혜는 변증법에 뿌리를 두고 남아 있지만, 깨달음에는 이르지 못한다. 기껏해야 그것은 욕망을 소멸함으로써 더 이상의 생을 받지 않는 것이다.[37]

---

[36] 이를 상전도(常顚倒), 정전도(淨顚倒), 아전도(我顚倒)라고 말한다. 이는 범부들이 갖고 있는 견해이다. 이 외에 고통을 낙(즐거움)으로 아는 낙전도(樂顚倒)를 포함하여, 이를 범부들이 갖고 있는 사전도라 한다.

[37] 이를 무상전도(無常顚倒), 무정전도(無淨顚倒), 무아전도(無我顚倒)라고 말한다. 이는 성문승이나 연각승이 갖고 있는 견해이다. 이 외에 진정한 즐거움을 즐거움이 아니

세 번째는 초월적 지혜, 즉 반야 지혜이다. 세속적이든 형이상학적이든 모든 것은 영원하지도 않고 무상하지도 않으며, 청정하지도 않고 청정하지 않는 것도 아니며, 자아가 있는 것도 아니고 자아가 없는 것도 아니라는 견해로 상상이나 말로 표현할 수 없는 것이다. 세속적이고 형이상학적 지혜는 견해에 집착하게 되지만, 이러한 초월적 지혜는 일체 법이, 즉 (자아가 있다고 보이는 것이든 공하다고 보이는 것이든) 모든 것(제법)이 공하다는 것을 통찰력으로 아는 것이다. 때문에 모든 견해로부터 자유롭다(제법이 공하다는 것은 공도 공하다는 것도 포함하고 있다는 사실을 항상 기억해야 한다.).

따라서 그 어떤 것도 영원하고, 청정하고, 자아를 가지고 있다고 말할 수 없다. 그렇지만 또한 그 어떤 것도 무상하고, 청정하지 않고, 자아가 없다고도 말할 수 없다. 우리가 "이것은 영원하다거나 혹은 무상하다거나, 이것은 청정하다거나 혹은 청정하지 않다거나, 이것은 자아가 있다거나 혹은 자아가 없다거나"라고 가리켜 말할 수 없기 때문이다.[38]

다행스럽게도 인간이 동물과 다르게 자아를 초월할 수 있는 지혜가 있지만 인간들 사이에서도 질적인 차이가 있다. 세속적인 지혜로만 사는 사람들도 있고, 형이상학적인 지혜를 터득한 사람들도 있고, 초월적 지혜를 향해 가는 사람들도 있다.

모든 것은 마음의 상이다. 그러나 보이지도 않고 형체도 없고 욕심나

라고 아는 무락전도(無樂顚倒)를 포함하여, 이를 성문승이나 연각승이 갖고 있는 사전도라 한다.

[38] Red Pine, 《The heart sutra》, p.30~31

는 곳이면 어디든지 욕망 따라 날아가는 마음을 다스리기 위해서는 궁극적으로는 초월적 지혜가 필요하다. 그러기 위해서는 우선 공을 철저히 깨닫는 것이 중요하다.

공함을 알라

위에서 말한 세 가지 지혜 가운데 첫 번째 세속적인 지혜는 육안(肉眼 : 육신의 눈)으로 보는 것이다. 이는 사물의 형상과 이미지만 볼 뿐 그 사물의 실체를 보지 못하는 것이다. 그래서 무상한 것을 영원한 것으로 보고, 청정하지 않는 것을 청정한 것으로 보고, 자아가 없는 것을 자아가 있다고 생각하며 살아간다. 실상을 보지 못하는 이런 무지로 인해 생존과 소유에 집착하게 되고, 탐욕을 부리고, 죄를 짓는다. 그리고 그로 인해 업을 짓는다.

살생을 하거나, 주지 않는 것을 부정하게 갖거나, 음행을 하거나, 거짓말하거나, 이간질하거나, 나쁜 말하거나, 꾸며대는 말을 하거나, 탐욕을 부리거나, 성내고 원한을 갖거나, 삿된 생각을 하는 등 열 가지 악업을 짓는 것이다.

이 모든 것은 육안으로만 보기 때문이다.

두 번째 형이상학적인 지혜는 혜안(慧眼 : 지혜의 눈)으로 보는 것이다. 모든 사물과 현상은 영원한 것이 아니라 무상한 것이고, 청정한 것이 아니라 청정하지 않는 것이고, 자아가 있는 것이 아니라 자아가 없는 것이라고 꿰뚫어 보는 지혜이다. 이는 사물의 형상과 이미지가 아니라 그 사물의 실체를 보는 것이다. 모든 것이 공(空)하다는 사실을 아는 것이다. 이런 지혜를 갖추게 되면, 욕망을 소멸함으로써 더 이상의 생을 받지 않게 된다.

이를 깨닫게 되면, 마음이 아무리 변덕스럽고 욕심나는 곳이면 어디든지 그 욕망 따라 날아가더라도 마음을 다스릴 수 있기 때문이다.

> 색이 공함을 알면 눈의 주인이 되고, 소리가 공함을 알면 귀의 주인이 되고, [향기가 공함을 알면 코의 주인이 되고, 맛의 공함을 알면 혀의 주인이 되고, 촉감의 공함을 알면 몸의 주인이 되고] 제법이 공함을 알면 마음의 주인이 된다. 왜냐하면 우리가 발견할 단 하나의 법(一法)도 없음을 알기 때문이다. ─혜정(慧淨)[39]

실제 우주 만물은 본질적으로 공하다. 색은 무상한 것이고, '공(空)'한 것이다. 색(色)뿐만 아니라 성향미촉법(聲香味觸法)도 마찬가지이다. 모든 것이 인연화합으로 생긴 것으로 허상에 불과하다. 이런 혜안을 갖게 되면, 이 세상에서 탐욕과 성냄과 어리석음을 극복할 수 있다.

그래서 탐욕과 성냄과 어리석음에서 벗어나도록 마음을 다스릴 수 있는 가장 좋은 방법은 공(空)을 떠올리는 것이다.

예컨대, 탐욕과 성냄과 어리석음도 공한 것이다. 그래서 그로 인해 생겨난 결과도 허망하다. 따라서 악한 생각이 불쑥불쑥 일어날 때마다, 그 순간 이를 알아차리고 공을 떠올리는 것이다. 공(空)을 떠올리기가 어렵다면, 한 가지 더 쉬운 방법이 있다.

결국 우리는 죽음에 이른다고 생각하라. 이 세상에서 사람은 잠시 한정된 수명을 가지고 살아간다. 그러나 태어나면 반드시 죽기 마련이다.

---

[39] Red Pine, 《The heart sutra》, p.49

'우리는 이 세상에서 언젠가 죽어야 할 존재이다.' 이 사실을 깨닫지 못하는 이가 많다. 이 사실을 깨달으면 온갖 다툼이 사라진다.
―법구경 6[40]

우리는 기껏 살아봐야 인생 백 년이다. 사실 이 하나만이라도 진심으로 깨닫는다면, 우리는 업을 짓지 않고 살아갈 수 있다. 더 나아가 이 세상에 탐욕과 성냄과 어리석음이 사라지고, 다툼이 사라지고, 전쟁과 갈등이 사라지고, 평화가 찾아올 수 있다. 모두가 행복하게 살 수도 있다.

이 세상의 모든 것은 끊임없이 변한다. 우리 눈에 존재하는 것처럼 보이지만, 실제로는 비존재로 연결된 일시적인 존재라는 것이다.

그러나 우리는 착각하며 산다. 일체의 모든 것은 무상한 것이지만 이를 영원할 것이라고 그릇되게 인식한다. 그 결과 서로 다투며 필사적으로 각종 욕망과 명예를 도모하는 것이다. 이는 세상을 육안으로만 볼 뿐 혜안을 갖추기 못했기 때문이다.

그러나 색(色)만이 아니다. 우리의 육체뿐만 아니라 인간이 하는 모든 정신적인 활동도 무상하다. 우리의 느낌이나 생각이나 의지나 의식도 끊임없이 바뀐다. 시시때때로 변하는 것이다.

그래서 이 몸뿐만 아니라 내가 하고 있는 정신적 요소 또한 '나'가 아니고, '나의 것'도 아니다. 이로써 우리는 색(色)에 대한 탐욕과 성냄과 어리석음에서 벗어날 뿐만 아니라 '나'라 여기는 느낌, 생각, 의지, 의식에서도 온전히 벗어날 수 있다.

---

40) 유중 옮김, 《하룻밤에 읽는 법구경》, 12쪽

색(色)·수(受)·상(想)·행(行)·식(識)

이것은 모두 내(我)가 아니요 내 것도 아니다.

만일 진실한 이 이치를 분명히 알면

그런 것에 아무런 집착할 게 없느니라. ―《잡아함경》,〈발경(鉢經)〉[41]

이렇게 자아를 초월하게 되면, '나'가 없는데 '이것은 내 것이다, 저것은 네 것이다'라고 분별할 게 없을 뿐만 아니라 누구를 위해 또 무엇을 위해 탐하고, 성내고, 어리석은 행위를 하겠는가? 혜안은 공을 아는 것이다. 공을 알게 되면, 무엇을 탐하고, 성내고, 어리석을 게 없으니 무엇에도 얽매이지 않는 자유로운 존재가 될 수 있다.

법(法)에는 나(我)가 없고 또한 내 것(我所)도 없네. 나가 이미 없는데 내 것이 또 어디서 생겨나랴? 만일 비구가 여기서 벗어나면 그는 곧 하분결(下分結 : 하분은 '욕계', 결은 '번뇌'를 뜻함)[42]을 끊으리라. ―《잡아함경》,〈우다나경(優陀那經)〉[43]

---

41) 김월운 옮김,《잡아함경》4권, 497쪽

42) 예컨대 '오하분결(五下分結)'은 중생을 욕계에 결박하여 해탈하지 못하게 하는 다섯 가지 번뇌를 말한다. 첫째, '유신견(有身見)'이다. 오온의 일시적 화합에 지나지 않는 이 몸에 불변하는 자아가 있고, 또 이 오온이 나의 것이라는 그릇된 견해를 말한다. 둘째, '계금취견(戒禁取見)'이다. 그릇된 계율이나 금지 조항을 바른 것으로 간주하여 거기에 집착하는 견해를 말한다. 셋째, '의(疑)'다. 바른 이치를 의심하는 것이다. 넷째, '욕탐(欲貪)'이다. 욕계에 대한 탐욕이다. 다섯째, '진에(瞋恚)'이다. 성냄이다.

43) 김월운 옮김,《잡아함경》1권, 103쪽, 동국역경원, 2008

'나'라는 생각에서 벗어나게 되면, '이것은 나다, 이것은 너다'라고 헤아릴 게 없다. 즉 '나'라는 생각에서 벗어나게 되면, '나'와 '너'를 분별하려는 헤아림에서 벗어나게 되고, '나'와 '너'를 분별하려는 헤아림에서 벗어나게 되면 사랑과 미움에서 벗어나게 되고, 사랑과 미움에서 벗어나게 되면 탐욕과 성냄과 어리석음에서 벗어나게 된다.

이런 지혜를 갖추게 되면, 욕망이 사라짐으로써 더 이상의 생을 받지 않게 된다.

부처의 가르침은 궁극적으로는 욕망과 번뇌를 넘어 생과 사를 초월하는 지혜까지 깨닫게 하는 가르침이다.

자아가 공함을 알게 되면, 생과 사를 초월하는 것은 당연하다. 자아가 공한데, 생과 사가 어디 있겠는가?

불법(佛法 : 부처의 가르침)은 선근(善根)의 중생이 아니면 천백만겁이 지나도 만나기 힘들다는 말이 있다.

예컨대 우리가 축생이나 다른 존재로 태어났다면, 부처를 만나기가 어려웠을 것이고, 만났다고 하더라도 그 가르침을 이해할 수 없었을 것이다.

그러나 비록 우리가 인간으로 태어났어도 세속적인 지혜만 가지고 살아간다면, 결코 업에서 벗어나지 못한다.

흔히 사람들은 현재의 자신의 모습을 바라보면서 "이것이 나다"라고 말한다. 그러나 그것은 '나'가 아니다. 굳이 말한다면, 그것은 '과거의 나'다. 앞으로의 '나'는 각자의 마음에 달려 있다. 우리는 지금보다 더 나은 '새로운 나'를 만들어가야 한다. 우리에게는 이런 지혜가 있기 때문이다.

그러나 우리에게는 이런 지혜가 있지만, 미래의 '나'는 당연히 자신의 자유의지에 달려 있다.

혜안을 갖추게 되면, 생과 사를 초월할 수는 있다. 하지만 만약 우리가 생사의 윤회를 끊기 위해서만 지혜를 구하려고 한다면, 이는 공에 집착하는 것이다. 우리는 이 세상을 살면서 자비와 연민을 가지고 중생을 구제하고, 이 세상이 고통이 없는 불국토와 같은 세상을 만들어야 한다.

하지만 우리가 공(空)에 집착하여 생사의 윤회를 끊으려는 데에만 관심을 두게 된다면, 자비와 연민이 없고, 중생을 보지 못한다. 또 모든 것을 부정하거나 세간의 삶의 의미를 잃어 자칫 허무주의에 빠질 수도 있다.

공에도 집착하지 말라 ― 공이 곧 색이다

그래서 공함을 아는 이런 지혜가 생기고 나면, 공도 공함을 알아야 한다. 그래야 공에도 얽매이지 않게 되어 마음을 온전히 다스릴 수 있다.

앞에서 말한 세 번째 지혜는 초월적 지혜이다. 이는 불안(佛眼 : 부처의 눈)으로 보는 것이다. 모든 것은 영원하지도 않고 무상하지도 않으며, 청정하지도 않고 청정하지 않는 것도 아니며, 자아가 있는 것도 아니고 자아가 없는 것도 아니라는 견해로 상상이나 말로 표현할 수 없는 지혜이다. 이는 궁극적인 깨달음에 이르는 지혜이다. 그래서 굳이 이를 반야지혜라고 말한다.

세속적이고 형이상학적 지혜는 견해에 집착하게 되지만, 이러한 초월적 지혜는 일체 법, 즉 모든 것(제법)이 공하다는 것을 통찰력으로 아는 것이다. 하지만 공에도 집착하지 않는 것이다. 때문에 모든 견해로부터 자유롭다.

예컨대 그 어떤 것도 자아를 가지고 있다고 말할 수 없다. 그렇지만 또

한 그 어떤 것도 자아가 없다고도 말할 수 없다. 우리가 "이것은 나다 혹은 이것은 나가 아니다"라고 가리켜 말할 수 없기 때문이다.

왜냐하면 나는 나가 아니지만, 나가 아닌 것도 아니기 때문이다. 일체법이 공하기 때문에 '나는 나가 아니다.' 그렇지만 현상 세계에서 인연따라 연기적 존재로서 이 세상을 살아가기 때문에 '나는 나가 아닌 것도 아니다.'

이중성이란 무엇인가?

우리가 자연을 주의 깊게 관찰하면, 이중성(duality)은 사물의 본질이다.

우리 눈에 상반된 것처럼 비치는 현상계의 모든 차별상은 서로 상반된 것처럼 보이지만 사실 하나에서 나온 것이다. 모든 물질이 파동이면서 입자이듯이 대립되는 다른 측면 없이 대립의 한 측면만을 가질 수는 없다.

이러한 입자와 파동의 이중성은 빛뿐만 아니라 자연계에 존재하는 모든 물질은 입자이며 또한 파동의 성질을 갖고 있다.

A가 아니면 B, B가 아니면 A라는 이원론적 세계가 아니라 하나 속에 '하나와 둘'이 모두 포함되어 있는 세계이다.

둘 혹은 별개라고 생각하는 것은 우리의 관념에서 비롯된 것이다. 예컨대 장미꽃이 시들면 쓰레기가 되지만, 쓰레기에서 장미꽃이 피어난다. 하지만 우리는 쓰레기와 장미꽃을 별개라고 생각하는 것이다.

또 이중성은 이렇게도 비유할 수 있다. 우리는 선과 악은 서로 별개로 존재한다고 생각한다. 하지만 이 세상의 모든 만물은 선도 악도 아니다. 그 쓰임에 따라 달라질 뿐이다.

예컨대 돌멩이 그 자체는 선도 악도 아니다. 그러나 돌멩이는 집이 되거나 담이 되기도 한다. 하지만 무기가 되기도 한다. 돌멩이를 어떻게 쓰느냐는 우리 마음에 달려 있다. 돌멩이를 이롭게 사용하면 선이 되지만, 생명을 해치는 데 사용하면 악이 된다.

선과 악은 둘이면서 하나이고, 하나 속에 '하나와 둘'이 모두 포함되어 있다.

예컨대 우리의 생각과 말과 행동도 마음의 산물이다. 마음이 악하면 그 생각과 말과 행동도 악하고, 마음이 선하면 그 생각과 말과 행동도 선하다.

우리가 말하는 삼독(三毒)도 마찬가지이다. 탐욕, 성냄, 어리석음도 마음의 산물이다.

즉 탐욕도 자신의 사욕을 위해서 부리는 것은 나쁜 탐욕이지만, 세계 평화에 이바지하고 싶어 하거나 가난한 사람을 구제하려고 부리는 것은 좋은 탐욕이다. 남을 미워하고 증오하는 것은 나쁜 성냄이지만, 부조리하거나 정의롭지 못하거나 인권을 억압하는 독재자나 잔인하게 생명을 해치게 되는 전쟁에 대해 분노하는 것은 좋은 성냄이다. 교만하거나 자만에 빠져 남을 무시하고 인정하지 않으려는 것은 나쁜 어리석음이지만, 세상은 어리석다고 말할지 모르지만 손해를 보더라도 겸손하고 남을 배려하고 희생하려는 것은 좋은 어리석음이다.

이와 같이 우리의 의도는 좋은 것과 나쁜 것으로 나눌 수 있다. 우리가 말하는 삼독(三毒)도 그 쓰임에 따라 달라진다. 그 쓰임에 따라 악업이 되기도 하고, 선업이 되기도 한다. 따라서 탐욕, 성냄, 어리석음으로 인해 악업을 짓느냐, 선업을 짓느냐 역시 마음을 어떻게 사용하느냐에 달려 있다.

이중성은 모든 사물의 본질일 뿐만 아니라 우리의 정신적인 작용도 마찬가지이다.

결코 이원론적 사고에 빠져서는 안 된다. 공도 마찬가지이다.

우리는 어떤 사물을 보는 순간, 탐욕이 일어난다. 이때 그것이 무엇이든 공함을 알게 되면, 탐욕이 사라진다. 화를 내거나 어리석은 행위로 무엇을 얻는다고 하더라도 결국 허망할 뿐이다. 이를 알아차리게 되면, 분노나 어리석은 마음이 사라지게 된다.

이렇게 공을 깨닫게 되면, 탐욕, 성냄, 어리석음이 사라져 열반에 들 수 있다.

그러나 공에만 집착해서도 안 된다. 이런 경우 타인에 대한 연민이 사라져 다른 중생들의 괴로움을 외면할 수 있기 때문이다.

마음도 마찬가지이다. 혜안으로 보면, 모든 것이 공하다. 마음도 공하다.[44]

그래서 마음을 비우려고 해서도 안 된다. 마음을 비우려고 해도 비울 수 없다.

마음을 붙잡아 두려고 해서도 안 된다. 마음은 볼 수도 없고 형체도 없다. 변덕스러워 욕심나는 곳이면 어디든지 그 욕망 따라 날아간다. 마음을 붙잡으려고 해도 붙잡을 수 없고, 억누르려고 해도 억누를 수 없다.

따라서 마음을 비우려고 하거나 붙잡아 두려고 하거나 억누르려고 하지 말고, 마음을 어떻게 쓸까를 생각해야 한다.

즉 이 마음을 잘 사용하는 것, 이것이 마음의 주인이 되는 것이다.

---

[44] 《금강경》에 "과거심불가득 현재심불가득 미래심불가득(過去心不可得 現在心不可得 未來心不可得)"이라는 구절이 있다. 과거의 마음도, 현재의 마음도, 미래의 마음도 얻을 수 없다는 뜻이다. 이는 마음도 공하기 때문이다.

어떤 것이 착하지 않은 계(不善戒)인가? 착하지 않은 행동과 말과 생각이니(몸의 행과 착하지 않은 입과 뜻의 행이니) 이것을 착하지 않은 계라고 한다. 이 착하지 않은 계는 어디서 생기는가? 내가 그것이 생기는 곳을 말해 주리라. 마땅히 그것은 마음에서 생기는 줄을 알아야 한다. 왜 마음에서 생긴다고 하는가? 만약 마음에 탐욕이 있고 성냄이 있고 어리석음이 있으면 이런 마음에서 그 착하지 않은 계가 생긴다는 것을 알아야 한다. ─《중아함경》, 〈오지물주경(五支物主經)〉[45]

우리가 마음을 잘못 쓰면 마음에 탐욕과 성냄과 어리석음이 일어나 불선의 계(不善戒)를 범하게 된다.

인간도 태어나면서 선한 사람 악한 사람이 정해지는 게 아니다. 인간도 마음을 어떻게 쓰느냐에 따라 선한 사람이 되기도 하고, 악한 사람이 되기도 한다. 어떻게 마음을 쓰느냐에 달려 있다.

많은 사람들이 세상 탓을 하지만, 이 세상도 마찬가지이다. 우리가 마음을 선하게 쓰면 온 세상이 청정해지고, 마음을 악하게 쓰면 온 세상이 더럽혀진다.

이중성은 모든 현상과 사물의 본질이다. 따라서 초월적 지혜가 필요하다. 이분법적 사고를 초월하는 것이다. 초월적 지혜의 차원에서 보면, 공이 곧 색이고, 색이 곧 공이다.

붓다는 지혜의 눈(혜안)으로 모든 것이 공함을 보고, 법안(法眼:

---

45) 김월운 옮김, 《중아함경》 4권, 43쪽

법을 보는 눈)으로 근원적인 외형의 모습을 본다.[46] 그러나 불안(佛眼 : 부처의 눈)으로는 중도를 본다. 공(空)과 현상(色)을 이원적으로 보는 것이 아니라 하나로 보는 것이다.

이는 《반야심경》에 나오는 '색불이공 공불이색, 공즉시색 색즉시공(色不異空 空不異色 色卽是空 空卽是色)'의 의미이다.

그래서 나는 '나가 아니고, 나가 아닌 것도 아니다.' 불안은 '있다, 없다'의 이분법적 사고를 초월하는 것이다.

즉 "이것은 참도 아니고 거짓도 아니라고 볼 때 비로소 실상을 보는 것이다. 그리고 경계로부터 자유로워진다. 그것을 참이라고 생각하면 허상의 본질을 보지 못하고, 그것을 거짓이라고 생각하면 그 쓰임을 가로막게 된다."[47]

불안으로 보면, 공이 곧 색이고 색이 곧 공이다. 공과 색이 별개가 아니다. 둘이면서 하나이다.

그러나 범부들은 '자아, 중생, 현상, 꽃, 돌, 인간, 우주'라는 말을 들으면, 그것이 실체가 있다는 듯이 개별적으로 존재하는 각각의 상을 그리게 되고, 집착하게 된다. 그로 인해 소유하기 위해 탐욕을 부린다. 이것

---

46) 예컨대 색성향미촉법은 실재가 아니다. 즉 공하기 때문에 '실재가 아니다'라고 하는 것은 혜안으로 보는 것이고, 그러나 임시로 존재하고 있고 중생을 구제하기 위한 방편으로 쓰임이 있기 때문에 '실재가 아닌 것도 아니다'라고 하는 것은 법안으로 보는 것이다. 그래서 법안을 갖추게 되면, 각각의 현상을 다른 중생들을 구제하기 위한 방편으로 삼을 수 있다. 또 중생들의 근기의 차이를 보고 그에 걸맞은 가르침을 펼 수도 있다. 그러나 불안(佛眼)으로 보면 색성향미촉법은 실재가 아니지만, 실재가 아닌 것도 아니다. 불안으로 보면 공이 곧 색이고, 색이 곧 공이다.
47) 유중 번역·해설, 《하룻밤에 읽는 금강경》, 191쪽

이 세속적인 지혜이다.

 이런 세속적인 지혜에만 머무르게 되면, 인간은 별다른 존재가 아니다. 자아에 대한 강한 집착과 생존욕, 이기심, 편안함, 안정, 성취감, 권력 등 동물적인 본능을 갖게 마련이고, 그것을 쟁취하기 위해서 싸우며 살아가게 된다.

 우리가 이런 세속적인 지혜로만 살아가는 한, 이러한 욕구로부터 자유로워지는 것은 어려울 것이다. 결코 탐욕과 성냄과 어리석음에서 벗어날 수 없다.

 그래서 형이상학적 지혜가 필요하다. 모든 것은 인연화합으로 생겨난 것이기 때문에 실체가 아니다. 따라서 집착할 게 없다. 이렇게 제법이 공함을 알면, 탐욕과 성냄과 어리석음에서 벗어날 수 있다.

 그러나 공에 집착해서도 안 된다. 공에 집착하게 되면, 생사의 윤회를 끊으려는 데만 관심을 두게 된다. 그 결과 세속적인 삶의 의미를 잃고 인생은 허무하다고 생각할 수 있다.

 또 공에 집착하게 되면, 중생을 보지 못한다. 중생들에게 이익이 되는 행위들에 대한 가치를 무의미하게 여길 수 있다.

 또 공에 집착하게 되면, 타인에 대한 자비나 연민을 느끼지 못하거나, 정의나 불의에 대한 열정과 분노를 잃을 수도 있다.

 그리하여 공에 집착하면, 우리는 목석이 될 수도 있다.

 따라서 세속적인 견해에 집착해서도 안 되지만, 형이상학적인 견해, 즉 공에 집착해서도 안 된다. 초월적 지혜가 필요한 것이다.

 예컨대 열반(Nirvana)은 우리 인생의 궁극적인 목표이며, 궁극적인 귀착지라고 할 수 있다. 혜안을 통해 우리는 열반에 들 수 있다.

 하지만 보살은 이것이 궁극적인 목표가 아니다. 보살은 중생을 구제하고 불국토를 건설해야 한다는 목표를 가지고 있다.

초월적 지혜, 즉 부처의 눈으로 보면, 모든 중생도 중생이 아니지만, 중생이 아닌 것도 아니다. 중생도 공하기 때문에 중생도 중생이 아니지만, 현상 세계에서 인연 따라 존재하기 때문에 중생이 아닌 것도 아니다. 그래서 보살이 중생을 구제할 생각을 갖는 것이다.

《금강경》에서 "보살은 형상에 머무르지 않고 보시해야 한다. 보살은 모든 중생을 이롭게 하기 위해 보시해야 한다"라고 말하는 것도 이 때문이다.

> 즉 보살은 그것이 허상임을 알기 때문에 대상에 집착하지 않게 되고, 그것의 쓰임을 알기 때문에 모든 중생들에게 이익이 되도록 대상을 보시의 방편으로 사용하는 것이다. ─레드파인(Red Pine).

초월적 지혜는 이분법적 사고를 초월하는 것이다. 모든 사물과 현상의 이중성을 이해하게 될 때 마음을 자유자재로 다스릴 수가 있다.

그러나 인간이 어지간해서는 그 마음을 다스리기가 참으로 힘들다. 그래서 마음의 주인이 되기가 힘들다.

하지만 탐욕, 성냄, 어리석음이 불쑥불쑥 일어날 때마다 이 마음을 비우려고 하거나 억누르려고 하기보다는 이를 잘 사용하면 된다. 나쁜 마음은 공으로 다스리고, 쓰임을 알고 좋은 마음은 일어나게 하면 된다. 마음을 잘 사용하는 것, 이것이 정말로 마음의 주인이 되는 것이다.

그래서 부처는 우리에게 '네 가지 바른 노력(四正勤)'을 하라며 이렇게 충고하고 있다.

> 이미 생긴 악은 더 이상 일어나지 않게 하고, 아직 생기지 않은 악은 미리 일어나지 않게 하며, 이미 생긴 선은 더욱 일어나게 하고, 아직 생기지 않은 선은 더욱 북돋워 일어나게 하라. —《잡아함경》, 〈단악불선법경(斷惡不善法經)〉[48]

그럼에도 불구하고 여전히 우리 범부들은 어지간해서는 마음의 주인이 되기가 힘들다. 마음이 워낙 변덕스럽고 잠시 방관하게 되면 욕망이 일어나고, 분노가 일어나고, 어리석음이 일어나기 때문이다.

그래서 악한 생각이 불쑥불쑥 일어나고, 네 가지 바른 노력을 하기가 어렵다면, 그 순간 이를 알아차리고 탐욕과 성냄과 어리석음에서 벗어나도록 마음을 다스릴 수 있는 몇 가지 생각이 있다. 즉 '여래, 법, 승가, 계, 보시, 하늘'을 생각하는 것이다. 이를 항상 염두에 둔다면 마음을 다스리는 데 큰 도움이 될 것이다.

경전에서는 여섯 가지 생각(六念)을 다음과 같이 말한다.

여섯 가지 생각

석가 종족인 마하남(摩訶男)이 부처를 찾아가 "세존이시여, 어떤 것을 우바새라고 말합니까?"라고 묻자, 부처가 이렇게 말한다.

---

48) 김월운 옮김, 《잡아함경》 1권, 303쪽

속가에 살고 있으면서 청정하게 닦아 익히고 깨끗하게 머물러 사내 모양을 원만하게 이루고서 "나는 지금부터 목숨을 마칠 때까지 부처님께 귀의하고 법에 귀의하며 비구스님들께 귀의하여 우바새가 되겠사오니 저를 증명하여 알아주소서"라고 이렇게 말하는 이를 우바새라고 하느니라. —《잡아함경》,〈우바새경(優婆塞經)〉[49]

그 후 마하남이 다시 부처를 찾아가, "안온한 열반을 구하려고 한다면, 어떤 것을 닦아 익혀야 합니까?"라고 묻자, 부처가 마하남에게 "열반을 구하려고 한다면, '여섯 가지 생각(六念)'을 닦아야 안온한 열반을 빨리 얻게 될 것이다"라며 다음과 같이 말한다.

어떤 것이 그 여섯 가지인가? 이른바 거룩한 제자는 '여래'를 생각한다. 즉 '여래(如來), 응공(應供), 등정각(等正覺), 명행족(明行足), 선서(善逝), 세간해(世間解), 무상사(無上士), 조어장부(調御丈夫), 천인사(天人師), 불세존(佛世尊)이시다'라고 생각하면 두려움이 곧 사라진다. 또 이와 같이 생각하는 이는 탐욕의 번뇌가 일어나지 않고 성냄과 어리석은 마음이 일어나지 않는다. 그래서 그 마음이 정직해지므로 여래의 뜻을 알고 여래의 바른 법을 얻게 되며, 여래의 바른 법과 여래께서 증득하신 것에 대하여 기뻐하는 마음이 생긴다. 그렇게 기뻐하는 마음이 생긴 뒤에는 흐뭇해지고, …… 마음이 고요해진다. 마음이 고요해지고 나면 그 거룩한 제자는 흉하고 험악

---

49) 김월운 옮김,《잡아함경》4권, 117쪽

한 중생들 속에서 모든 장애가 없이 법의 흐름에 들어가 마침내는 열반에 들게 되느니라.

또 거룩한 제자는 '법'을 생각한다. 즉 '세존의 법과 율은 능히 현재 세상에서 나고 죽는 번뇌를 여의며, 시절을 기다리지 않고 현재 세상을 통달하고, 그러한 연(緣)으로 스스로 깨달아 안다.' 거룩한 제자로서 이와 같이 법을 생각하는 이는…… 법에 생각하는 것에 훈습되어 열반으로 나아가게 되느니라.

또 거룩한 제자는 '승가'를 생각한다. 즉 '세존의 제자는 착한 데로 향하고 바른 곳으로 나아가며, 곧은 데로 향하고 정성스러운 데로 향하며 수순하는 법을 실천한다. 그리하여 수다원으로 향하여(向須陀洹) 수다원이 되고, 사다함으로 향하여(向斯陀含) 사다함이 되며, 아나함으로 향하여(向阿那含) 아나함이 되고, 아라한으로 향하여(向阿羅漢) 아라한이 된다. 이것을 사쌍팔배(四雙八輩)의 성현이라고 한다. 이것을 …… 원만하게 갖추어 응하는 곳마다 받들어 섬기고 공양을 받는 훌륭한 복전(福田)이 된다.' 거룩한 제자가 이와 같이 승가를 생각하는 이는 …… 승가를 생각하는 것에 훈습되어 열반으로 나아가게 되느니라.

또 거룩한 제자는 스스로 깨끗한 '계(戒)', 즉 '무너지지 않은 계, 결함이 없는 계, 더럽혀지지 않은 계, 다른 계와 뒤섞이지 않은 계, 남의 것을 취하지 않은 계, 착한 것을 보호하는 계, 현명한 사람이 칭찬하는 계, 지혜로운 사람이 싫어하지 않는 계를 생각한다.' 거룩한 제자가 이와 같이 계를 생각하는 이는 …… 계를 생각하는 것에 훈습되어 열반으로 나아가게 되느니라.

또 거룩한 제자는 '보시'를 생각한다. 즉 '나는 좋은 이익을 얻었다. 인색함의 번뇌(慳垢)가 있는 중생들 가운데서 인색함의 번뇌를 여의게 되었다. 집 아닌 데(非家)에서 해탈의 보시를 행하고 항상 자신이 직접 보시하며, 평등한 법(捨法)을 즐겁게 행하여 평등한 보시를 원만하게 갖추리라.' 거룩한 제자가 이와 같이 보시를 생각하는 이는…… 보시를 생각하는 것에 훈습되어 열반으로 나아가게 되느니라.

또 거룩한 제자는 '하늘'를 생각한다. 즉 '사대천왕(四大天王), 삼십삼천(三十三天), 염마천(焰摩天), 도솔타천(兜率陀天), 화락천(化樂天), 타화자재천(他化自在天)이 있다. 만일 바르게 믿는 마음을 가지는 사람이라면 여기서 목숨을 마친 뒤에는 저 여러 하늘에 태어난다고 하니, 나도 그런 바른 믿음을 닦아야 하겠다. 그리고 청정한 계, 보시, 들음, 평등, 지혜를 닦은 사람은 여기에서 목숨을 마친 뒤에는 저 여러 하늘에서 태어난다고 하니, 나도 지금부터 계, 보시, 들음, 지혜를 닦으리라'고 생각해야 한다. 거룩한 제자가 이와 같이 하늘에 대한 일을 생각하면 탐욕이 일어나지 않고 성냄과 어리석음이 일어나지 않고 그 마음이 정직해진다. 그것이 저 하늘의 연이 된다. ……그 거룩한 제자는 흉하고 험악한 중생들 속에서 모든 장애가 없어지고 법물의 흐름(法水流)에 들어가 하늘을 생각하는 것에 훈습되어 열반으로 나아가게 되느니라.

마하남아, ……이와 같이 많이 닦아 익혀서 …… 모든 번뇌가 다하여 …… 현재 세상에서 스스로 증득한 줄을 알아 '나의 생은 이미 다하고 범행은 이미 섰으며, 할 일은 이미 마쳐 후세의 몸을 받지 않는다'고 스스로 아느니라.

그때 석씨 마하남은 부처님의 말씀의 듣고 기뻐하면서 자리에서

일어나 예배하고 떠나갔다. ―《잡아함경》,〈수습주경(修習住經)〉[50]

탐욕과 성냄과 어리석음이 일어날 때마다 '네 가지 바른 노력(四正勤)'을 하기 위해 노력해야 한다.

그래도 여전히 마음에 탐욕과 성냄과 어리석음을 품고 있거나, 마음이 흔들려 다스리기가 어렵다면, 그럴 때마다 항상 여래, 법, 승가, 계, 보시, 하늘을 생각하는 것이다.

우리가 '여래(佛)'를 생각하면, 여래께서 증득하신 것에 대하여 기뻐하는 마음이 생겨 부처를 닮아가게 된다.

'법(法 : 부처의 가르침)'을 생각하면, 현재 세상에서 나고 죽는 번뇌를 여의고, 시절을 기다리지 않고 현재 세상을 통달하게 되며, 그러한 연으로 스스로 깨달아 알게 된다.

'승가(僧)'를 생각하면, 착한 데로 향하고 바른 곳으로 나아가며, 곧은 데로 향하고 정성스러운 데로 향하며 수순하는 법을 실천하여 수다원이 되고, 사다함이 되며, 아나함이 되고, 아라한이 될 수 있다.

'계(戒)'를 생각하면, 무너지지 않은 계, 결함이 없는 계, 더럽혀지지 않은 계, 다른 계와 뒤섞이지 않은 계, 남의 것을 취하지 않은 계, 착한 것을 보호하는 계, 현명한 사람이 칭찬하는 계, 지혜로운 사람이 싫어하지 않는 계를 생각하다 보면, 스스로 깨끗해진다.

'보시(布施)'를 생각하면, 인색함의 번뇌를 여의게 된다.

'하늘(天上)'을 생각하면, 목숨을 마친 뒤에는 저 여러 천상에 태어난

---

50) 김월운 옮김,《잡아함경》4권, 126~129쪽과 〈염삼보경(念三寶經)〉 240쪽 참고

다고 하니 탐욕이 일어나지 않고 성냄과 어리석음이 일어나지 않고 그 마음이 정직해진다.

인생이란 무엇인가? 많은 사람들이 "인생이란 길 떠난 나그네가 다시 고향으로 돌아가는 것과 같다"고 말한다. 긴 여행 끝에 편안이 쉴 곳을 찾아가는 것이다.

비유하면 열반은 인생의 궁극적인 귀착지라고 말할 수 있다. 열반은 생과 사의 괴로움에서 벗어나 무상하지 않고(常), 번뇌가 사라져 때 묻지 않고(淨), 자유자재하여 걸림이 없는 대자유인(我)이 되어, 적멸의 안락한 기쁨(樂)을 누릴 수 있는 곳이다.

따라서 인생이란 궁극적으로는 열반에 이르기 위한 여정이다. 생멸의 괴로움에서 벗어나 적멸의 기쁨이 있는 곳을 향해 가는 여정과 같다는 것이다.

> 이 세상의 모든 현상은 무상하다(제행무상諸行無常).
> 이것이 생하고 멸하는 법이다(시생멸법是生滅法).
> 생멸이 다 없어지고 나면(생멸멸이生滅滅已),
> 적멸이 즐거움이 된다(적멸위락寂滅爲樂). ─《열반경(涅槃經)》

즉 인생은 차안의 세계에서 고해(苦海)를 건너 피안의 세계를 향해 가는 여정과 같다.

우리 인간에게는 생물학적 구속에서 벗어나 초월적 존재가 될 수 있는 초월적 지혜, 즉 반야 지혜가 있다.

이는 궁극적인 깨달음에 이르는 지혜이다.

11

무란 무엇인가?

'무(無)'란 원래 한자로 '무(橆)'였다. '무(橆)'란 커다란 수풀에 불(火)이 난 모양을 본뜬 글자로 수풀이 불에 타서 다 없어진다는 의미의 '없다'를 뜻한다. 이 '무(橆)' 자를 쓰기 쉽게 한 것이 지금의 '무(無)'이다. 일반적으로 '존재'하는 것, 곧 유(有)를 부정하는 말이다. 그러나 우리가 무심코 쓰고 있는 이 무(無)를 논리적으로 설명할 수 있을까?

무에 대한 선문답 같지만, 그리스 철학자 파르메니데스(Parmenides : 기원전 515?-445?)는 이렇게 말했다.

> 무에 대해 논하는 것은 어리석은 짓이다. 즉 "없는 것이 있다"라는 것은 애초부터 우스운 이야기이다. 왜냐하면 만약 "없는 것이 있다"라는 것을 인정한다면, 그것은 무가 아니라 존재하는 것이다. 거꾸로 '없는 것은 없다'라고 한다면, 결국 무는 존재하지 않는다는 것이다. 어느 쪽이든 무가 존재하지 않는다는 이야기가 된다. '무'라는 말 자체는 이미 패러독스를 안고 있다. 존재하지 않는 것을 아무리 깊이 생각해 본들 그것은 부질없는 일일 뿐이다.[51]

결국 우리는 무의 존재를 증명할 수도 없지만, 어떻게든 만약 무의 존재를 증명한다고 하더라도 그 순간 무는 더 이상 무가 아닌 것이 되고 만다. 이는 논리적으로 무(無)를 설명할 수가 없다는 것이다.

---

51) NHK 아인슈타인 팀, 《아인슈타인의 세계》 4권, 72쪽

그러나 실제로도 이 세상의 그 어떤 존재도 무에서 생겨날 수 없고, 무가 될 수도 없다. 예를 들면 이렇다.

> 우리의 마음속에는 태어나는 것은 '무'로부터 무엇인가가 된다는 것을 의미한다. 또 죽는 다는 것은 무언가로부터 '무'가 된다는 것을 의미한다. 즉 누군가였던 자가 아무도 아닌 자가 된다는 것이다.
> 그러나 한 조각의 구름도 태어날 수 없다. 구름은 강이나 바다의 물로부터 생긴 것이고, 먼지와 태양열의 작용이 더해져 구름이 생긴 것이다. 또한 구름은 결코 죽을 수 없다. 구름은 다만 비가 되거나 눈이 될 수는 있다. 한 장의 종이도 태어날 수 없다. 종이는 나무, 태양, 구름, 나무꾼, 제지공장의 노동자에 의해 생겨난다. 우리가 종이 한 장을 태우면, 종이는 열, 재, 연기로 바뀌게 된다. 종이가 무로 돌아갈 수는 없다. 태어남과 죽음은 실제로도 적용될 수 없는 관념들이다.[52]

이 세상의 그 어떤 것도 무에서 생겨날 수 없고, 무가 될 수도 없다는 것이다. 결국 무나 유는 우리의 관념에 지나지 않는다. 실제로도 있음(有)과 없음(無)은 적용될 수 없는 관념들이다.

다만 존재와 무의 대립을 초월한 리얼리티를 언어로 표현하는 것이 불가능하기 때문에 임시방편으로 '무'라는 말을 사용하는 것이다.

---

52) 틱낫한, 《중도란 무엇인가》, 19~20쪽

남인도의 트리큐르 산속에 살고 있는 스와미 부마난다에 의하면 원래 무라는 단어는 '존재'라는 단어가 있기 때문에 생긴 것으로, 둘은 사실 한 쌍의 상호 의존적인 개념에 불과하다. 이러한 상호 의존적인 개념은 진정한 리얼리티를 표현할 수 없다. 그렇지만 존재와 무의 대립을 초월한 리얼리티를 언어로 표현하는 것은 불가능하다. 언어는 모두 상호 의존적이기 때문이다.[53]

이는 인간에게도 똑같이 적용되는 이야기이다. 개개인의 '아(我)' 역시 각종 인연의 결합체이다. 오온(五蘊 : 색, 수, 상, 행, 식)이라는 정신과 육체가 인연에 의해 결합되어 생겨났다가 인연이 다하면 흩어져 사라진다. 무에서 생긴 것도 아니고, 무로 돌아가는 것도 아니다.

그래서 내가 죽는다고 무가 될 수 없다. 우리가 죽으면, 우리의 육체(色)와 느낌(受), 생각(想), 의지(行), 의식(識)은 흩어져 사라진다. 그러나 무가 되지는 않는다.

예컨대 이 육체(色)는 지(地), 수(水), 화(火), 풍(風)으로 바뀌어 또 무언가가 된다. 또한 우리의 느낌(受), 생각(想), 의지(行), 의식(識)도 무가 되지 않는다.

마치 불이나 고동소리처럼 또 인연이 되면 색과 결합하여 그 모습을 드러낸다. 비유하면 이렇다.

어떤 바라문이 길을 떠나면서 아이에게 불씨를 잘 살피라고 했으나 아이가 그만 불을 꺼뜨리고 말았다. 아이는 걱정이 돼서 불씨

---

[53] NHK 아인슈타인 팀, 《아인슈타인의 세계》 4권, 121쪽

를 찾으려고 도끼로 나무를 쪼개어 불을 찾았으나 찾지 못했다. 다시 나무를 절구에 넣고 빻았으나 또 찾지 못했다. 그렇다고 불이 없다고 할 수 있는가? 그때 그 바라문은 송곳으로 나무를 비벼 불을 내어 섶을 태우면서 아이에게 말했다. "대개 불을 구하는 법은 이런 것이다. 그저 나무를 쪼개고 절구로 찧고 해서 구해지는 것이 아니다."

또 어떤 사람이 고동소리로 아름다운 소리를 냈다. 이를 본 마을 사람들이 아름다운 소리를 듣고자 고동에게 소리를 내보라고 했으나 고동은 도무지 소리를 내지 않았다. 그 마을 사람이 고동소리를 찾으려고 고동 속을 살폈으나 그 속에 고동소리는 없었다. 그렇다고 고동소리는 없다고 말할 수 있는가? 그때 그 사람이 다시 고동을 들고 세 번 불고 땅에 두었다. ─《장아함경》,〈폐숙경(弊宿經)〉[54]

바람, 불, 고동소리가 보이지 않는다고 없다고 할 수 있는가? 이 세상의 모든 존재와 현상은 인연의 화합으로 생겼다가, 인연이 소멸하면 사라졌다를 반복하는 것이다. 무에서 생긴 것도 아니고, 무로 돌아가는 것도 아니다.

그렇다면 유(有)란 무엇일까? 유(有) 역시 실체가 아니다. 일체 만물은 모두 마음의 상(相)이다. 즉 허상이다. 인연에 의해 생긴 가상의 혹은 일시적 존재이다.

예를 들면, 집이란 무엇일까? 집이란 주춧돌, 기둥, 벽돌, 기와 등의 결합체이다. 집은 실체가 아니다. 주춧돌, 기둥, 벽돌, 기와 등의 요소들이

---

54) 김월운 옮김,《장아함경》1권, 299~303쪽, 동국역경원, 2009

흩어지면 집이라는 존재는 사라지고 만다. 집이란 우리가 임시로 이름 붙인 명칭일 뿐이다.

비유하면, 담은 흙, 돌, 자갈 등의 결합체이고, 꽃은 햇빛, 바람, 비, 흙의 결합체이다. 우리가 말하는 담, 꽃, 집, 우주, 그 무엇이든 실체가 아닌 것이다. 유(有) 역시 우리의 관념이다.

따라서 우주 만물은 본질적으로 공(空)하다.

하지만 모든 존재와 현상은 본질적으로 공(空)하지만, 공에 집착해서도 안 된다. 왜냐하면 모든 만물은 또한 '성공환유(性空幻有)'로써 나타나기 때문이다.

'성공(性空)'은 일체 현상은 인연화합으로 생겨난 것이기 때문에 실체가 없는 허상이라는 뜻이다. 따라서 이 세상의 모든 존재와 현상, 즉 일체 법은 무아이고, 공이다. 우리가 말하는 제법무아(諸法無我), 제법개공(諸法皆空)은 이를 뜻하는 말이다.

그러나 '환유(幻有)'는 일체의 모든 존재와 현상이 무아이고 공한 것이지만, 완전히 허무한 것이 아니라 가유(假有 : 상호 의존하여 생긴 임시의 존재 혹은 가상의 존재)의 현상으로 존재한다는 것을 의미한다.

예컨대 집이란 주춧돌, 기둥, 벽돌, 기와 등의 결합체이다. 집이란 본질적으로 공한 것이지만, 이런 요소와 조건이 갖춰져 형성된 것이다. 즉 가유(假有)의 현상으로 존재한다는 것이다.

그래서 정확히 말하면, 우리는 집이 '있다(有)'고도 할 수 없지만, 또 '없다(無)'고도 할 수 없다.

따라서 우리는 그 어떤 것이든 "존재한다(有)"고도 할 수 없지만, "존재하지 않는다(無)"고도 할 수 없다. 이것이 정확한 표현이다.

다만 이처럼 이중으로 부정해서 말할 수밖에 없는 것은 이러한 상호 의존적인 관계를 언어로 포착할 수 없기 때문이다.

따라서 나는 '존재한다 혹은 존재하지 않는다'라거나, 자아가 '있다 혹은 없다'라는 이분법적 사고에서 벗어나야 한다.

이런 '유(有)나 무(無)'와 같은 이분법적 사고에서 벗어나는 것이 초월적 지혜, 즉 반야 지혜이다.

예컨대 우리는 '유와 무'를 '생과 멸' 혹은 '생과 사'로 비유할 수 있다. 하지만 생이 곧 멸이고, 멸이 곧 생이다. 생과 멸이 별개가 아니다. 즉 태어남이 있기 때문에 죽음이 있는 것이다. 모든 존재는 태어나면서부터 소멸해간다. 태어남은 죽음을 잉태하고 있고, 죽음은 태어남을 잉태하고 있는 것이다.

이는 '생과 멸'을 끝없이 반복하게 된다는 것이다. 따라서 이는 생(生 : 태어남)도 없고, 멸(滅 : 죽음)도 없다는 뜻이다.[55] 인연 따라 생겼다가 인연 따라 사라지면서 계속해서 무언가로 바뀔 뿐이다.

비유하면 이렇다.

> 그것은 마치 불(火)이 나무를 인연해 생기는 것과 같나니, 불이 생긴 뒤에는 이를 '나무 불'이라고 하고, 풀에 의지해 생기면 '풀 불'이라고 한다. ―《중아함경》,〈차제경(嗏帝經)〉[56]

인연 따라 생겼다가 사라지고 또 인연이 되면 무언가로 바뀌어 나타

---

[55] 생과 사가 별개로 존재한다고 말하는 것은 이분법적 사고이다. 정확히 말하면, 생과 사는 없지만, 없다고도 할 수 없다. 왜냐하면 가유(假有)의 현상으로 존재하기 때문이다.
[56] 김월운 옮김,《중아함경》, 299쪽

난다. 이는 '나는 이것이다'라고 정해진 고정불변의 자아가 없기 때문이다.

인간도 다르지 않다. 마치 불씨가 옮겨가 나무 불이 되고 풀 불이 되듯이 우리가 지은 업에 따라 내가 죽고 난 후 그 인연으로 인해 다시 인간으로 태어날 수도 있고, 그렇지 않으면 축생으로 태어날 수도 있고, 아수라나 아귀로 태어날 수도 있고, 지옥에 태어날 수도 있고, 또 천상에 태어날 수도 있다.[57]

업을 짓는 자는 누구인가?

그렇다면 무아(無我)란 무엇인가? 글자 그대로 해석하면 '나가 없다'는 뜻이다. 그러나 이렇게 해석하는 것은 언어를 초월하지 못하고 언어에 구속을 받기 때문이다. 결론부터 말한다면, 무아란 제법무아를 의미한다.

이미 말했듯이 무(無)란 다만 유(有)와 대립되는 상대적인 개념일 뿐이다. 무에서 유가 될 수 없고, 유에서 무가 될 수 없다. 유와 무는 우리의 관념이다.

하지만 많은 사람들이 이런 관념에서 쉽게 벗어나지 못한다. 그래서

---

[57] 많은 사람들이 의외로 "삶은 한 번 뿐이고, 죽으면 그만이다"고 말한다. 그러나 단멸(斷滅)을 주장하는 것은 그릇된 견해(邪見)이다. 《금강경》에서도 "수보리야, 네가 '아뇩다라삼먁삼보리를 구하려는 자는 모든 현상이 단멸한다는 것을 설했다'고 생각한다면, 그런 생각하지 마라. 왜냐하면 아뇩다라삼먁삼보리를 구하려는 마음을 낸 자는 현상을 단멸하는 것으로 설하지 않기 때문이다"라고 말한다.

'무아'라고 말하면, 우리는 여전히 '나'라는 주체를 떠올리게 된다. 그래서 무아란 '나는 없다'라고 인식하려 한다. 이는 인간과 사물, 나와 너, 주체와 객체를 다르게 보기 때문이다.

무아란 '나가 없다' 혹은 '나는 존재하지 않는다'라는 것이 아니다. 산스끄리뜨어 'na'를 '없다(無)'로 옮긴 것이지만, 사실은 무아란 일체 법이 불변의 실체가 아니라는 뜻이다.

즉 무아란 일체 법은 '자아가 비어 있다'는 뜻이다. 다시 말해서 무아란 일체 법은 '자아가 공하다'는 뜻이다.

일체 현상계의 모든 생멸하는 것들, 모든 존재와 현상은 영원한 실재가 아니다. 하지만 또 인과에 의해서 생겼다가 사라졌다를 반복하며 끊임없이 변해 가는 존재이다. 인연이 되면 생겨나고, 인연이 다하면 사라진다. 그래서 영속하는 자아가 없다는 것이다. 그래서 무상(無常)한 것이고, 공(空)하다고 말하는 것이다.

> 그러나 중생들은 '무아'라고 말하면, 우선 먼저 '나'라는 주체를 떠올리게 된다. 그래서 '무아'란 '나가 없다'라고 인식하려 한다. 그러나 이는 인간과 사물을 다르게 보는 것이다. '무아'라는 것은 '나와 너'를 떠나, 일체 법에는 '고정불변, 즉 변하지 않는 실체가 없다'는 것이다. 그럼에도 불구하고 '나가 있다' 혹은 '나가 없다'는 것은, 이는 여전히 자아라는 생각에 집착하는 것이다.[58]

우주 만물은 본질적으로 무아(無我)이고, 무상(無常)하고, 공(空)한 것

---

[58] 유중 번역·해설, 《하룻밤에 읽는 금강경》, 241쪽

이다. 이를 받아들이지 못하는 것은 '나가 있다'는 생각, 즉 유(有)라는 관념에 집착하기 때문이다.

유와 무는 우리의 관념이다. 주체와 객체도 마찬가지이다. 주체가 없이 객체만 존재할 수 없고, 객체가 없이 주체만 존재할 수 없다. 이는 아주 상식적인 논리로도 알 수 있다.

이 우주를 구성하고 있는 시간과 공간, 물질과 에너지 역시 따로 분리할 수 없다. 이를 별개로 보는 것은 겉모습만 본 우리의 이미지이고 관념이다.

어떤 존재든 끊임없이 서로 관계하면서 변화하고 있기 때문에 현상으로 존재하여도 실체(자아)로서 존재하는 것이 아니다. 이를 '공', 즉 연기적 존재라고 한다.

예컨대 나는 어떻게 존재하는 걸까? 우선 내가 존재하기 위해서는 137억 년 전으로 거슬러 올라가야 한다. 이때 우주가 폭발하였고, 그 후 35억 년 전 처음 생명체가 생겨났다. 이 생명체가 진화를 거듭하여 원핵생물, 물고기, 공룡, 영장류(긴팔원숭이-침팬지), 원시인(오스트랄로피테쿠스-네안데르탈인-크로마뇽인), 조상, 할아버지를 거쳐 아버지와 어머니에 이른다. 그리고 마침내 인연이 되어 아버지의 정자와 어머니의 난자가 결합하여 내가 생명을 가지게 된 것이다.

내가 태어난 후에도 생명을 유지하기 위해서는 우주, 태양, 지구, 식물, 동물, 광물 등 주변의 수많은 사물의 도움과 농부, 목수, 청소부, 친구, 선생님 등 주변의 수많은 사람들의 도움을 받아야 존재할 수 있다.

이처럼 나는 '나 아닌' 다른 모든 것이고, 동시에 '나 아닌' 다른 모든 것에 의존하여 존재하고 있다. 내 안에 나라고 할 게 아무것도 없다. 이는 자아가 비어 있다는 뜻이다. 즉 자아가 공(空)하다는 의미이다.

나뿐만 아니라 이 우주에 존재하는 모든 사물과 현상은 인연이 결합하여 생겨난 것이다. 즉 직접적인 원인(因)과 간접적인 원인(緣)의 결합체이며, 또 인연에 의해 끊임없이 변해간다.

그래서 우주 만물은 본질적으로 무상(無常)하고, 공(空)하고, 무아(無我)인 것이다.

그렇지만 우리는 인격적 개체 혹은 고정된 자아가 없다고 말하면, '어떤 행위를 하는 자는 누구이고 그 과보를 받는 자는 누구일까?'라고 의문을 갖는다. 이는 부처가 살아 있는 동안에도 끊임없이 이런 의문을 가졌던 것 같다.

> 만일 '나'가 없다면 나가 없는 업을 지을 것이다. 그렇다면 미래 세상에서는 누가 그 과보를 받을까? —《잡아함경》,〈음근경(陰根經)〉[59]

> 나가세나 존자여, 만일 인격적 개체를 인정할 수 없다고 한다면, …계행을 지키는 자, 수행에 힘쓰는 자, 수도한 결과 열반에 이르는 자, 살생을 하는 자, 남의 것을 훔치는 자, 세속적인 욕망 때문에 바르지 못한 행위를 하는 자, 술을 마시는 자는 누구입니까? 또 무간지옥에 떨어질 다섯 가지 큰 죄를 짓는 자는 누구입니까? 만일 인격적 개체가 없다고 한다면 공도 죄도 없으며, 선행과 악행의 과보도 없을 것입니다. 존자여, 설령 그대를 죽이는 자가 있더라도 살생의 죄는 없을 것입니다.[60]

---

59) 김월운 옮김,《잡아함경》1권, 93쪽
60) 서경수 옮김,《밀린다왕문경》, 33~34쪽 참고

폐숙 바라문은 항상 이견을 가지고 사람들에게 말했다. "다른 세상도 없고, 다시 태어남도 없으며, 선악의 과보도 없다." —《장아함경》, 〈폐숙경(弊宿經)〉[61]

그러나 이런 질문들은 애초에 무아(無我)를 이해하지 못하기 때문이다.[62] 말 그대로 '나가 없다'고 받아들이는 것이다. '있다' 혹은 '없다'는 양극단의 이분법적 사고에서 비롯된 것이다.

비유하면, 수레는 굴대, 바퀴살, 바퀴, 차체 등의 결합체이고, 옹기는 흙, 물, 불 등의 결합체이다. 수레나 옹기가 눈에 보이는 현상으로서 존재하지만, 수레나 옹기 역시 무아이다. 이 세상의 그 어떤 것도 실체가 아니다.

즉 "이것이 있어 저것이 있고, 이것이 생기기 때문에 저것이 생긴다."

---

61) 김월운 옮김,《장아함경》1권, 285~286쪽

62)《잡아함경》〈유아경(有我經)〉을 보면, 출가한 어떤 바차(婆蹉) 종족이 부처님께 "세존이시여, 나라고 하는 것이 있습니까?"라고 여쭈었다. 이렇게 세 번씩이나 물어도 대답을 하지 않자, 아난이 "'그가 묻는 것에 대답하지 못한다'고 잘못 생각하지 않겠습니까?"라고 부처님께 여쭈었다. 그때 부처님께서 "내가 만약 나라는 것이 있다고 대답하면 그가 이전부터 가지고 있던 그릇된 견해를 더 늘어나게 할 것이고, 내가 나라는 것이 없다고 대답한다면 그가 이전부터 가지고 있던 의혹이 더 늘어나지 않겠느냐? 그렇다고 그에게 본래는 나라고 하는 것이 있었는데, 지금은 끊어 없앴다고 말해야 하겠느냐? 만약 본래부터 나라고 하는 것이 있었다고 한다면 그것은 곧 상견(常見)이고, 지금은 끊어 없앴다고 한다면 그것은 곧 단견(斷見)이다. 여래는 두 극단을 여의고 중도에 서서 다음과 같이 설법한다. '이것이 있어 저것이 있고, 이것이 생기기 때문에 저것이 생긴다. 즉 무명을 연하여 행이 있고 …… 태어남, 늙음, 병듦, 죽음, 근심, 슬픔, 괴로움의 번민이 생기느니라. 무명이 사라지면 행이 사라지고 …… 태어남, 늙음, 병듦, 죽음, 근심, 슬픔, 괴로움의 번민이 멸하느니라"라고 아난에게 말한다(김월운 옮김,《잡아함경》4권, 178~179쪽).

그래서 우리가 흔히 "행위자는 없고 행위만 있다"고 하는 이유이다.

그러나 중생들은 '무아'라고 말하면, 여전히 '나'라는 주체를 떠올리게 된다. 그러나 무아란 나와 너, 인간과 사물, 주체와 객체에 모두 적용되는 것이다.

> 즉 우리는 자아가 있다고 생각하기 때문에 다른 모든 것도 자아가 있다고 생각하게 된다. 그 반대로 우리는 자아가 있고, 다른 것은 자아가 없다고 생각한다. 그러나 조금 더 주의 깊게 관찰하면, 우리의 자아도 자아가 아니고, 다른 그 어떤 것의 자아도 공함을 알 수 있다. 그렇게 자아가 없는 것이 법이다. 즉 모든 것은 무아로 구성되어 있는 것이다.[63]

무아란 제법무아(諸法無我)를 의미한다. 일체 법에는 '변하지 않는 자아가 없다', 그래서 '나와 너'로 구분 지을 수 없고, '나와 사물', '주체와 객체'로 구분 지을 수 없다.

> 그러나 '일체 법이 무아다'라는 것과 '일체 법이 없다'는 것은 그 뜻이 전혀 다르다. 이 세상 모든 존재와 현상은 공하기 때문에 '이것'이라고 규정할 수 없지만, 동시에 놓인 상황과 인연에 따라서 '이것'이라고 설명할 수 있다.[64]

---

[63] 유중 번역·해설, 《하룻밤에 읽는 금강경》, 242쪽
[64] 유중 번역·해설, 《하룻밤에 읽는 금강경》, 240쪽

즉 모든 존재는 실체가 아니기 때문에 이것이라고 할 수 없지만, 현상 세계에서는 인과관계에 의해서 서로 의존하여 존재하고 있기 때문에 이것이라고 할 수 있다는 것이다.

그래서 '이것이 존재한다'라고도 할 수 없지만, '이것이 존재하지 않는다'라고도 할 수 없다.

따라서 현상 세계에서도 이러한 존재를 부정한다면, 이는 공에 집착하는 것이다. 자칫 허무주의에 빠지고 만다.

무아란 '일체 법이 없다'는 뜻이 아니라, 일체 법이 무아(諸法無我)이고, 일체 법이 공(諸法皆空)하다는 의미이다.

세속의 차원에서 나는 존재한다. 만약 세속의 차원에서도 내가 존재하지 않는다고 한다면, 이는 부처의 가르침을 이해하지 못한 것이다.

《반야심경》에 나오는 "색즉시공 공즉시색"이란 눈에 보이는 현상 그 자체는 실체(자아)가 없지만, 실체가 없는 것이 바로 눈에 보이는 현상 그 자체라는 의미이다. 눈에 보이는 현상이나 실체가 없는 것, 그 어느 쪽에도 사로잡히지 않고 그 양자를 근거로 하여 모든 존재를 있는 그대로 보는 것, 이것이 불안(佛眼)이다.[65]

불안(佛眼)으로 보면, 색즉시공 공즉시색이다. '있다' 혹은 '없다'는 양극단의 이분법적 사고이다. 불안은 이런 이분법적 사고를 초월한다. 이때 비로소 그 어떤 것에도 집착하거나 걸림이 없는 진정한 자유를 얻게 된다.

---

65) 김명우 지음,《범어로 반야심경을 해설하다》, 134쪽 참고, 민족사, 2010

사실은 부처가 우리에게 무아를 설한 것도 우리로 하여금 진정한 자유를 얻게 하려는 것이다.

> 무아법을 설하는 것은 중생을 구제하기 위함이다. 자아에서 벗어나게 할 뿐만 아니라 중생들이 집착하고 있는 모든 법들이 무아라는 것을 일깨워주는 것이다. 무아법을 방편으로 사용함으로써 나와 너, 주체와 객체(대상)가 모두 공하다는 것을 일깨워주고, 그 어떤 것에도 집착해서는 안 된다고 말하고 있는 것이다. 이는 모든 집착에서 벗어나 진정한 자유를 얻게 하려는 것이다.[66]

따라서 무아는 부정적인 의미가 아니다. 허무를 의미하는 것도 아니다. 무아이기 때문에 이 세계는 끊임없이 변한다. 그래서 변치 않는 '나'도 없고, '세상'도 없고, 불변의 '운명' 따위도 없다.

앞으로의 나는 무한히 열려 있고, 또 무아이기 때문에 진정한 자유를 얻을 수 있는 것이다.

그러나 무아가 아니라면, 커다란 장애가 생기고 만다. 만약 이 세계가 독립적이고 영원히 변하지 않는 고정불변의 실체로 이루어져 있다면, 이 우주는 멈추고 만다.

무아이기 때문에 이 세계도 끊임없이 변하고, 해탈의 희망도 있는 것이다.

모든 것은 무아이고, 무상하다. 그러나 만약 그렇지 않다면 우리

---

[66] 유중 번역·해설, 《하룻밤에 읽는 금강경》, 240쪽

에게 해탈의 희망이 없다. 그 무엇도 독립적이고 영원히 변하지 않는 실재로 존재하는 것이 없기 때문에 깨달음에 이르는 길에 장애가 없는 것이다.[67]

'존재나 비존재', '있다나 없다'와 같은 것은 우리의 잘못된 관념에서 비롯된 것이다. 무아란 제법무아, 나를 포함한 모든 법이 공하다는 의미이다.

정리하면, 우리는 인격적 개체 혹은 고정된 자아가 없다고 말하면, '어떤 행위를 하는 자는 누구이고 그 과보를 받는 자는 누구인가?'라고 의문을 갖지만, 이는 무아를 이해하지 못했기 때문이다.

일체 법이 실체가 아니라 공하기 때문에 '나는 존재하지 않는다', '나는 나가 아니다.' 그렇지만 현상 세계에서 인연 따라 존재하고 있기 때문에 '나는 존재한다', '나는 나가 아닌 것도 아니다.'

나는 '존재한다, 존재하지 않는다' 혹은 나는 '있다, 없다'와 같은 생각을 초월해야 한다는 가르침이다.

따라서 나가 있다는 그릇된 관념을 가져서도 안 되지만, 나가 없다는 관념에 빠져서도 안 된다. 나가 없다는 공에 빠지면, 삶의 의미를 잃고 허무주의에 빠지게 되거나 멋대로 살아도 된다는 쾌락주의에 빠질 수도 있기 때문이다.[68]

---

67) 유중 번역·해설,《하룻밤에 읽는 금강경》, 241쪽
68) 유중 번역·해설,《하룻밤에 읽는 금강경》, 251쪽 참고

나가 있다는 그릇된 관념에 빠지게 되면, 아만이나 아집, 탐욕과 성냄, 뽐냄과 어리석음에서 벗어날 수 없다.

그래서 무아라는 가르침은 능히 '나'라는 것이 없다는 생각을 갖게 함으로써 '나'라는 생각에 대한 집착에서 벗어나 아만이나 아집에 빠지는 일을 없게 해주는 것이다.

따라서 무아법을 통달하게 되면, 즉 무아를 진정으로 깨닫게 되면 일체의 욕계(欲界), 색계(色界), 무색계(無色界), 뽐냄(掉慢), 무명(無明)을 끊을 수가 있다.

그렇지만 나가 없다는 공에 빠져서도 안 된다. '나가 없다'는 생각에 집착하게 되면, 살아야 할 이유가 없기 때문이다.

내가 지은 업은 어디 있는가?

굳이 비유를 든다면, '나'라는 것은 꽃향기와 같다.

"그 나(我)라는 것은 마치 우발라(優鉢羅 : uppala), 발담마(鉢雲摩 : paduma), 구모두(拘车頭 : kumuda), 분다리(芬陀利 : pundarika) 꽃들의 향기와 같습니다. 뿌리가 곧 향기입니까? 향기는 뿌리와 다른 것입니까? 줄기, 잎이 그렇습니까? 아니면 꽃술의 정추(精麤)가 향기입니까? 향기는 그 정추와 다른 것입니까? 이런 등등으로 말할 수 있겠습니까?"

"아닙니다. 차마 비구여, 우팔라, 파두마, 쿠무다, 푼다리이카 꽃들의 뿌리가 곧 향기인 것도 아니고, 그렇다고 향기가 뿌리와 다른 것도 아닙니다. 또한 줄기, 잎도 마찬가지이며, 꽃술의 정추가 곧 향기인 것도 아니고, 그렇다고 향기는 그 정추와 다른 것도 아닙니다."

"그러면 그것은 어떤 향기입니까?"

"그것은 꽃향기입니다."

" '나' 라는 것도 또한 그와 같습니다. 물질(色)이 곧 나인 것도 아니고, 그렇다고 나는 색을 떠난 것도 아닙니다. 느낌(受), 생각(想), 의지(行)도 마찬가지이며, 의식(識)이 곧 나인 것도 아니고, 그렇다고 나는 식을 떠난 것도 아닙니다. 이처럼 나는 오온에 대해 그것은 나도 아니고, 내 것도 아니라고 보지만, 아직 나라는 교만과 나라는 탐욕과 나라는 번뇌를 끊지 못하고 알지도 못하며 떠나지도 못하고 뱉어 버리지도 못했습니다. ─《잡아함경》,〈차마경(差摩經)〉[69]

마치 뿌리, 줄기, 잎, 꽃술의 정추 등이 모여서 꽃향기를 풍기듯이 색, 수, 상, 행, 식 등 오온이 모여서 '나'라는 것이 생긴 것이다. 우발라, 발담마, 구모두, 분다리의 뿌리, 줄기, 잎, 꽃술의 정추가 꽃향기가 아니지만 아닌 것도 아니듯이 오온의 색, 수, 상, 행, 식이 나가 아니지만 나가 아닌 것도 아니다.

씨앗이 꽃을 피우면 그 씨앗의 종류에 따라 특유의 향기가 드러난다. 그렇듯이 내가 지은 업(씨앗)에 따라 나타난 나도 그때그때 나라는 오온의 특유한 향기를 갖게 된다.

다만 우리가 지은 업에 따라 우리의 외형적인 모습(色)이 바뀌어 알아차리지 못할 뿐이다. 우발라 꽃이 되기도 하고, 분다리 꽃이 되기도 하

---

[69] 김월운 옮김,《잡아함경》1권, 194~195쪽

고, 물고기, 새, 코끼리가 되기도 하고, 인간이 되기도 한다.

그러나 아무리 외형적인 모습이 바뀌더라도 우리가 한 행위는 결코 사라지지 않는다. 우리가 한 행위가 씨앗이 되어 전해지기 때문이다. 그래서 "행위자는 없고 행위만 있다"고 하는 것이다.

그렇다면 내가 지은 업은 어디 있는가? 비유를 들면, 업은 그림자처럼 항상 나를 따른다.

> "이 명색(名色 : 즉 '나')에 의하여 선행이나 악행을 짓게 되는 업은 어디에 머무릅니까?"
> "그림자가 형체를 떠나지 않는 것처럼 업은 그를 따릅니다."
> "업은 '여기에 있다. 또는 저기에 있다'고 말할 수 있습니까?"
> "그럴 수 없습니다."
> "생명체의 연속이 끊어지지 않는 한 '그 업이 여기 있다. 또는 저기 있다'고 말할 수 없습니다."70)

마치 "바람은 어디에 있습니까?"라고 묻는 것과 같다. 바람은 어디에 있다고 말할 수 없다. 그렇다고 바람이 없는가?

선행이나 악행으로 짓는 업도 인연이 되면, 그림자처럼 언제든 불쑥 나타난다는 것이다.

그렇다면 내가 지은 업은 어디 있는가? 업은 '여기에 있다. 또는 저기에 있다'고 말할 수 없다.

하지만 아뢰야식에 종자(種子)로 저장되어 있다가 인연이 되면 그림

---

70) 서경수 옮김, 《밀린다왕문경》, 154~155쪽

자처럼 언제든 불쑥 나타난다.

이를 유식론(唯識論)적으로 말하면, 강줄기가 하나로 모여 바다를 이루듯이 우리가 한 모든 행위가 업이 되어 아뢰야식(業藏 : 업의 창고)이라는 무의식의 바다로 흘러들어 가 차곡차곡 쌓여 있다가 언제든 그를 따른다는 것이다.

아뢰야식(阿賴耶識)은 산스끄리뜨어로 ālaya-vijñāna이다. 'ālaya'는 '깃들다', '저장하다'의 뜻이고, 'vijñāna'는 '식(識)'을 뜻한다.

우리가 살면서 생각하고, 말하고, 보고, 듣고, 느끼고, 행동한 것은 하나도 빠짐없이 종자가 되어 아뢰야식에 저장된다. 우리가 생활하며 경험한 모든 것들이 되어 그곳에 차곡차곡 쌓여 있는 것이다.

그러다가 씨방 속에 저장되어 있는 밑씨가 인연이 되면 싹을 틔우듯이, 내가 지은 아뢰야식에 저장되어 있는 업(種子)이 인연이 되면 싹을 틔우게 된다는 것이다.

사실은 우리가 무심코 하는 생각과 말과 행동도 근원이 없는 것이 아니라, 이 아뢰야식에서 비롯된 것이다.

이를 심리학적으로 말하면, 아뢰야식은 심층에 숨어 있는 '잠재의

---

71) 예컨대 인간의 인식 활동은 여섯 가지 감각기관(안, 이, 비, 설, 신, 의)을 통해 이루어진다. 이를 '육식(六識 ; 여섯 가지 식)'이라고 한다. 안식(眼識), 이식(耳識), 비식(鼻識), 설식(舌識), 신식(身識)을 5식이라고 하고, 의식(意識)을 '제6식'이라고 한다. 그러나 더 깊은 내면의 세계에는 의식보다 한 단계 더 깊은 마음의 세계가 있다. 이를 말나식(末那識), 즉 '제7식'이라고 한다. 말나식은 제6식인 의식의 뿌리가 되는 더 깊은 마음의 세계로, 이를 '자아의식'이라고 한다. 그리고 말나식보다 더 심층에 숨어 있는 '잠재의식'이 제8식, 즉 아뢰야식(阿賴耶識)이다(제1식부터 제8식까지 통틀어 마음이라 하기도 한다). 아뢰야식(제8식 : 心)은 자아의식(제7식 : 意)과 대상의식(제6식 : 識)을 일으키는 마음의 근원이다. 자아의식과 대상의식은 바로 이 아뢰야식으로부터 비롯되기 때문이다.

식', 즉 '마음(心)'의 근원이라고 이해하면 된다.[71] 우리가 하는 생각과 말과 행동이나, 우리가 집착하는 자아의식도 근본적으로는 바로 이 아뢰야식, 즉 잠재의식으로부터 비롯된 것이다. 생각의 질적인 차이뿐만 아니라 탐욕, 생존 욕구, 이기심, 연민, 사랑도 이로부터 비롯된 것이다. 우리는 이 마음으로부터 구속을 받고 있는 것이다.

그래서 늘 마음이 문제이다. 내가 죽고 난 후 이 몸(色)은 바뀌더라도, 내가 한 행위가 업이 되어 아뢰야식에 저장되어 있다가 그림자처럼 따르기 때문이다. 비록 마음은 보이지도 않고 형체도 없지만, 이 마음으로부터 벗어나기가 힘든 것이다.

모든 것은 마음의 산물이다. 이는 물질뿐만 아니라 정신적인 세계도 마찬가지다. 업도 마음의 산물이다. 악업을 짓느냐, 선업을 짓느냐 역시 마음에 달려 있다.

혜안으로 보면, 모든 것이 공하다. 업도 공한 것이다. 따라서 원래 업은 소멸할 게 없다. 업을 소멸해야 한다고 말하지만, 업은 소멸하거나 비울 수 있는 것이 아니다.

결국 마음에 따라 우리가 한 행위가 선업이 되기도 하고, 악업이 되기도 하는 것이다. 따라서 업을 소멸하려고 하기보다는 선업을 쌓아나가야 한다. 업에 따라 다음 생의 몸과 환경이 만들어지기 때문이다. 우발라 꽃이 되기도 하고, 분다리 꽃이 되기도 하고, 물고기, 새, 코끼리가 되기도 하고, 인간이 되기도 한다.

업은 인과법칙과 같다. 업을 지으면, 과보가 따르기 마련이다. 이것이 업과(業果)이다. 업은 씨앗이고, 우리는 그 열매이다. 내가 죽고 난 후 이 몸(色)은 바뀌더라도, 우리가 한 행위가 씨앗이 되어 새로운 나, 또 새로운 나로 이어가는 것이다.

따라서 역설적으로 업은 생명의 근원이기도 하다. '이중성'은 모든 사물과 현상의 본질이다. 우리가 업으로부터 벗어나지 못하는 한, 생명체의 연속이 끊어지지 않기 때문이다.

우리는 어디서 와서, 어디로 갈까? 우리는 업으로부터 와서, 업 따라가는 것이다. 그래서 "행위자는 없고 행위만 있다"고 하는 것이다.

그것이 바로 소위 말하는 육도윤회의 과정에서 실행되어지고 있는 것이다.

12

윤회란 무엇인가?

내일이 되면, 태양이 다시 떠오른다. 우리는 아무도 내일을 살아본 사람이 없다. 하지만 이 밤이 지나면, 내일이 올 것이라는 것을 모르는 사람은 없다.

> 우리는 아무도 내일을 살아본 사람이 없다. 그렇지만 내일이 오지 않을 것으로 생각하는 사람은 아무도 없다. 경험적 사실을 바탕으로 아직 오지 않았어도 논리적으로 유추해낼 수 있기 때문이다. 전생이나 내생도 마찬가지다. 내일이 오듯이 내생도 반듯이 온다는 것을 알 수 있다. －홍사성 불교사랑

우리가 생멸에서 벗어나지 않는 한 앞으로도 계속해서 다시 태어날 것이라는 건 의심의 여지가 없다.

왜냐하면 이 세상의 그 어떤 존재도 무에서 생겨날 수 없고, 무가 될 수도 없기 때문이다. 이는 곧 순환의 의미이기도 하다. 우리가 죽으면, 순환할 수밖에 없는 것이다.

이것이 윤회다. 윤회란 우리 인생이 이 세상에서 단 한번으로 끝나는 것이 아니라 자신이 지은 업에 따라 과거에도 그랬듯이 또 다음 생으로 한 생 한 생 계속 이어진다는 것이다.

원래 윤회(輪廻)란 산스끄리뜨어 삼사라(saṃsāra)를 번역한 것으로 생사(生死)라고도 하고 생사윤회, 윤회전생이라고도 한다. 수레바퀴가 돌고 돌아 끝없이 굴러가는 것처럼 과거에 내가 지은 행위에 의해 형성된

업에 따라 삼계(三界 : 욕계, 색계, 무색계)와 육도(六道 : 지옥, 아귀, 축생, 아수라, 인간, 천상)를 돌고 돌면서 삶과 죽음을 끊임없이 되풀이한다는 뜻이다.

우리는 과거에도 그랬고, 앞으로도 우리가 지은 업에 따라 윤회하며 부침(浮沈)을 계속할 수밖에 없는 것이다.

우리가 한 모든 행위는 반드시 그 결과로 과보를 초래한다. 업은 그림자처럼 그를 따르기 때문이다.

그러나 개개인의 모든 행위의 결과들이 현생에서 다 나타나는 것이 아니기 때문에 아직 생기지 않은 결과는 다음 생에 다양한 형태로 나타난다. 우리가 현세(現世)에서 행하는 악행과 선행에 따라 짧게는 이 생에서의 나의 삶이 펼쳐지기도 하지만, 또 길게는 내세(來世)의 몸과 환경이 만들어진다는 것이다.

물론 내세의 몸과 환경, 즉 내가 어느 세계에서 어떤 모습으로 태어날지는 전적으로 자신에게 달려 있다.

업은 창조의 법칙이다. 우리의 인생뿐만 아니라 내세의 운명도 자신이 지은 '업'에 의해 결정된다. 이 세상은 우연히 혹은 제멋대로 굴러간다거나, 모든 것이 결정되어 있는 것이 아니다. 업에 의해 우리 각자의 삶과 운명뿐만 아니라 이 세상과 인류의 삶과 이 우주의 운명도 결정된다. 언제든 나의 삶과 이 세상과 인류의 삶을 풍요롭게 할 수도 있고 거꾸로 저해시킬 수도 있다.

이미 말했듯이 원래 업을 뜻하는 산스끄리뜨어 까르마(karma)는 '만들다' 혹은 '창조하다'를 의미하는 kṛi에서 파생된 말이다. 그렇듯이 업은 '창조성' 그 자체라고도 할 수 있다.

아르헨티나 출신의 작가 보르헤스 역시 이와 같은 '업'에 의한 창조성을 이렇게 말한 바 있다.

> [예컨대 인도에서는] 전생의 행위가 이생을 결정하고, 이생의 행위가 내생(來生)을 결정한다고 말한다. 이렇게 다음 생을 결정하는 행위를 인도 철학자들은 업(業 : karma)이라고 정의한다. 이 말은 산스끄리뜨어로 '만들다' 혹은 '창조하다'를 의미하는 크리(kṛi)에서 파생되었다. 업은 우리가 끊임없이 짜 나가는 천(織物)과 같다. 한 사람의 모든 생각, 말, 행동, 그리고 어쩌면 꿈까지도 사후 그의 다음 생을 결정짓는 요소로 작용한다. 그가 받을 몸과 환경은 모두 전생의 업에 달린 것이다.[72]

인간은 전생에서 행한 악행과 선행에 따라 이 생에서의 몸과 환경이 만들어지고, 우리가 이 생에서 한 행위들이 또 다음 생을 결정짓는 요소로 작용하게 된다는 것이다.[73]

내가 지은 업에 따라 다음 생은 다시 인간으로 태어날 수도 있고, 아니면 모기나 파리로도 태어날 수 있고, 또 천상에 태어날 수도 있고, 지옥에 태어날 수도 있다.

---

[72] 보르헤스 외, 《보르헤스의 불교 강의》, 132~133쪽
[73] 거시적으로 보면, 인간은 전생에서 행한 악행과 선행에 따라 이 생에서의 몸과 환경이 만들어진다. 그러나 여기서 한 가지 조심할 것은 인간의 운명이 전생의 업에 의해서 모든 것이 결정되어 있다는 뜻이 아니다. 즉 운명론(運命論 : 혹은 '숙명론宿命論')을 말하는 것이 아니다. 전생의 업이 이 생의 타고남에 영향을 미치지만, 우리는 자신의 자유의지에 따라 이 순간에도 우리 자신의 운명뿐만 아니라 우리를 둘러싸고 있는 환경을 얼마든지 계속해서 또 새롭게 창조할 수 있다. 때문에 부처는 이런 운명론을 삼종외도(三種外道) 가운데 하나라고 말한 것이다.

예컨대 우리가 짐승처럼 생각하고, 말하고, 행동하면 짐승으로 태어나는 것이고, 선행을 하면 천상에 태어날 수 있고, 악행을 일삼으면 지옥에 태어날 수도 있다는 것이다.

이와 같이 업은 물질적인 현상에 대한 것만이 아니라 인간이 본질적으로 무엇이고, 나는 왜 태어났고, 여기에는 왜 있고, 또 어떻게 살아가야 하고, 궁극적으로 어떤 상태에 이를 수 있는지를 모두 포함하고 있다. 달리 말하면 다양한 자연법칙은 물론 초월적인 존재에 대한 내용까지도 포함한다.

인과법칙은 가장 보편적이고 객관적인 우주의 진리라고 할 수 있다. 어떤 원인이 있으면 반드시 그 결과가 생기기 마련이다. 윤회도 마찬가지다. 윤회의 원인이 무엇인지를 분명히 알 수 있다면 당연히 윤회의 과보를 끊을 수 있다. 윤회가 생명의 실상에 대한 무지에서 비롯된 것이라면 생명의 실상에 대하여 명백히 알 수 있게 되면 윤회에서 벗어나는 것 또한 너무나 당연한 일이다. 그러므로 시방삼세(十方三世)의 일체의 부처님이 모두 생명의 실상에 대하여 철저히 깨닫고 성불을 이루신 것이다.[74]

우리 각자의 존재는 무명에 덮여 생명의 실상을 깨닫지 못하고 욕망으로 인해 쌓은 업의 결과이다. 생멸에서 벗어나지 못하고 끊임없이 생사윤회를 거듭하는 것도, 고해의 바다를 건너지 못하고 끊임없이 걱정과 근심, 괴로움과 번뇌 속에서 살 수밖에 없는 것도 욕망으로 인해 생각

---

[74] 자뻐, 《반야심경》, 281~282쪽 참고

과 말과 행동으로 지은 업의 결과이다.

앞으로도 우리가 우주와 생명의 실상에 대해서 알지 못하고 업을 짓는다면, 그래서 우리가 이런 생사의 윤회를 끊지 못한다면, 또 계속해서 윤회하며 끝없는 방랑을 하게 될 수밖에 없다.

아무튼 이와 같은 윤회에 대한 생각은 꼭 인도나 동양에만 있었던 것은 아니다.

동양과 서양의 윤회 사상

굳이 비유하면, 윤회란 경전에 나오는 비유처럼 마치 망고나무가 씨앗을 뿌려 계속 이어지는 것과 같다.

> 왕이 물었다.
> "존자여, 그대가 말씀한 윤회란 무엇을 뜻합니까?"
> "대왕이여, 이 세상에 태어난 사람은 이 세상에서 죽고, 이 세상에서 죽은 자는 내세(來世)에 태어나며, 내세에서 태어난 자는 내세에서 죽고, 내세에서 죽은 자는 다시 또 내세에 태어납니다. 윤회가 뜻하는 것은 이런 것입니다."
> "비유를 들어주십시오."
> "어떤 사람이 잘 익은 망고를 먹고 씨를 땅에 심으면 그 씨앗에서 망고나무가 성장하여 열매를 맺을 것입니다. 다시 그 나무에 열린 망고를 먹고 씨를 땅에 심으면 다시 나무로 성장하여 열매를 맺게 될 것입니다. 이와 같이 망고나무는 끝없이 계속될 것입니다. 윤회

도 이와 같은 것입니다."

"잘 알겠습니다. 존자여."[75]

윤회란 이런 생사의 연속을 말한다. 우리는 자신이 지은 업을 짊어진 채 한 생(生), 또 한 생, 그 거주처를 바꿔가며 생과 사를 거듭하며 윤회를 하게 된다.

우리가 윤회한다는 이러한 생각은 동서양을 가리지 않고 일찍부터 있었다. 물론 가장 두드러진 곳은 인도다.

특히 인도인들은 일찍부터 윤회를 너무나도 자명한 사실로 받아들였다. 때문에 그들은 굳이 그것을 증명하려고 애쓰지는 않았지만, 고대 인도의 가장 권위 있는 법전인 마누 법전(Code of Manu)에는 죄지은 사람들이 여러 가지 동물로 태어나고 있음을 보여준다. 예를 들면 이렇다.

승려를 살해한 사람은 그 상황에 따라 개, 돼지, 말, 낙타, 소, 염소, 양, 들짐승, 새 혹은……로 태어난다.

또한 비단옷을 훔친 사람은 메추리로, 아마포(亞麻布)를 훔친 사람은 개구리로, 무명옷을 훔친 사람은 백로로 태어난다. 향수를 훔친 사람은 새앙쥐로 태어나고, 박하를 훔친 사람은 칠면조로, 익힌 곡식을 훔친 사람은 고슴도치로, 날곡식을 훔친 사람은 돼지로, 소를 훔친 사람은 악어로 태어난다. 불을 훔친 사람은 거위로, 집기를 훔친 사람은 꿀벌로, 붉은 옷을 훔친 사람은 붉은 꿩으로

---

75) 서경수 옮김, 《밀린다왕문경》, 169~170쪽

태어난다.[76]

이와 같이 인간이 죄를 지으면 동물이나 식물의 몸으로 다시 태어난다고 하는 윤회를 인도나 동양에서 뿐만 아니라 서양에서도 일찍이 주창한 사람들이 많이 있었다. 데이비드 흄은 "윤회설이야말로 철학이 인정할 수 있는 유일한 이론이다"라고 말할 정도이다. 보르헤스는 "윤회는 우주적 차원의 하나의 정밀한 보상 제도이다"라고 말한 바 있다.

일찍이 소크라테스 이전의 그리스 사상가 중에도 이 윤회전생(輪廻轉生)을 말한 이가 상당수 있었다. 예를 들면 피타고라스나 엠페도클레스와 같은 철학자들이다.

디오게네스가 전하는 바에 따르면, 피타고라스는 자기의 전생을 기억해 내는 능력을 헤르메스로부터 받았노라고 말했다. 그는 자신이 트로이 전쟁에 참전했던 헤르모티모였다고 말하며, 그는 어느 신전에서 트로이 전쟁에서 헤르모티모가 사용했던 방패를 찾아냈다.

또한 기원전 5세기 그리스의 철학자 엠페도클레스는 그의 '단편'에서, "나는 남자도 되어 보았고, 여자도 되어 보았다. 나는 나무였고, 새였으며, 물 속에서 고기로도 살아 보았다"고 말한다. 특히 그는 물 속에서 육지를 보고 매우 동경했으며, 육지에서 태어나게 해달라고 빌었다고 한다.[77]

---

76) 보르헤스 외, 《보르헤스의 불교 강의》, 128~129쪽 참고
77) 보르헤스 외, 《보르헤스의 불교 강의》, 126쪽

소크라테스 이후에도 윤회를 주창한 사람들이 많이 있었다. 그 대표적인 철학자가 플라톤이다. 플라톤 역시 그의 저서 《공화국》 제10권에서 어느 상처 받은 병사가 천국과 지옥을 순례하면서 본 것들을 다음과 같이 이야기하고 있다.

> 그는 오르페우스의 영혼과 만났는데, 그 시(詩)와 음악의 신은 백조의 몸을 빌려 환생해 있었고, 트로이 전쟁을 지휘했던 아르고스의 왕 아가메논은 독수리로 환생했고, 율리시즈는 평범한 무명씨가 되어 있었다.[78]

그 후에도 인간이 죽은 후 인간이나 동물 혹은 식물의 몸으로 다시 태어난다는 생각은 서양의 많은 지성인들에게 호기심과 함께 영감을 불러일으켰다. 니체의 영겁회귀(永劫回歸) 사상 역시 그 영향을 받은 것이었다.

뿐만 아니라 "나는 클레오파트라 여왕의 침대에서 / 잠자던 병사였다"로 시작되는 중남미의 대시인 루벤 다리오(Rubén Darío : 1867-1916, 니카라과의 시인)의 시에서 보듯이 윤회는 서양의 많은 시에도 짙게 녹아 있다.

이처럼 동양에서 뿐만 아니라 서양에서도 일찍이 윤회를 주창한 사람들이 많이 있었다는 사실을 알 수 있다.

그러나 그것은 그냥 나온 것이 아니라 깊은 철학적 사고에서 나온 것이다.

---

[78] 보르헤스 외, 《보르헤스의 불교 강의》, 127쪽

헤라클레이토스의 "누구도 같은 강물에 발을 두 번 담글 수 없다"는 말처럼, 이 세상에는 영원히 변하지 않고 존재하는 것은 없다. 이 세상의 모든 것은 무상하다. 끊임없이 변해간다. 인연이 되면 무언가로 나타났다가, 인연이 다하면 사라진다.

그렇다 하더라도 끊임없이 바뀌어 갈 뿐 어떤 존재도 완전히 무(無)가 될 수는 없다. 우리 역시 앞으로도 계속해서 다시 태어날 수밖에 없다.

그러나 우리가 나쁜 업을 지으면 소나 말이나 뱀이나 새로도 태어날 수가 있다는 것이다.

> 짐승으로 태어나 소와 말의 신세로 고생하는 것은 무슨 까닭인가?
> 은혜와 의리를 저버리고 남의 빚을 갚지 아니한 때문이다.
> 뱀이나 새로 태어나는 것은 무슨 까닭인가?
> 간사하고 거짓되고 경솔한 업을 지은 탓이다. ―〈삼세인과경〉

20세기 최고의 지성인이라 불리는 보르헤스는 그가 한 불교 강의에서 이렇게 고백하고 있다.

> 내가 1899년에 아르헨티나의 부에노스아이레스에서 태어난 것, 내가 만년에 눈이 먼 것, 오늘 밤 여러분 앞에서 이렇게 강연하는 것 등 이 모두가 내가 전생에 지은 업의 작용이다. 현세에서의 나의 행동 중 전생의 행위와 무관한 것은 하나도 없다. 이것이 바로 업이라는 것이다. 업이란 너무도 정교한 정신적 구조이다. 우리는 우리 생의 어느 한순간도 쉬지 않고 인연의 천을 짜고 있다. 우리들의 의지,

행동, 잠, 불면 그리고 꿈까지도 이 천을 구성하는 실이 된다. 따라서 우리는 잠시도 쉬지 않고 그 천을 짜고 있는 것이다.[79]

보르헤스는 이처럼 현세에서의 나의 행동 중 전생의 행위와 무관한 것은 하나도 없다고 말할 정도이다.

그러나 업의 작용은 쉼이 없다. 업은 자기 책임의 법칙이지만, 동시에 창조의 법칙이다. 업은 우리 자신의 운명뿐만 아니라 우리를 둘러싸고 있는 환경을 얼마든지 수시로 새롭게 창조할 수 있는 자유의지를 부여하고 있다. 우리 자신의 자유의지에 따라 어떤 상황이든 나의 인생은 변하고 바꿀 수 있다. 고통과 행복이 고정되어 있는 것이 아니라, 그저 받는 고통이나 그저 얻는 행복은 없다는 것이다. 오늘 자신의 자유의지에 따라 내일 자신의 운명이나 환경을 얼마든지 새롭게 창조해 갈 수 있다는 것이다.

업은 역동적인 힘이다. 개인의 삶뿐만 아니라 이 세상과 인류의 삶은 무한히 열려 있는 것이다.

다만 우리가 다음 생에 삼계(三界)와 육도(六道) 가운데 어느 세계에서 어떻게 태어나느냐는 전적으로 지금 이 생에 우리들 자신이 한 행위, 그 업에 달려 있다는 것이다.

---

[79] 보르헤스 외, 《보르헤스의 불교 강의》, 212쪽

윤회의 주체는 누구인가?

결론부터 말한다면, 윤회의 주체는 나 혹은 영혼이 아니다. 윤회하는 것은 업이다. 업이 무한히 전생(轉生)하는 것이다.

그럼에도 불구하고 우리는 인격적 개체 혹은 고정된 자아가 없다고 말하면, '어떤 행위를 하는 자는 누구이고 그 과보를 받는 자는 누구인가?' 이런 의문을 갖는다고 말한 바 있다.

많은 사람들이 윤회를 인정한다면 실체적 자아를 인정해야 하고, 무아를 인정한다면 윤회를 인정할 수 없다는 것이다. 자아를 인정하지 않으면 윤회하는 존재도 없을 것이고, 윤회를 인정한다면 무아란 인정할 수 없다는 것이다.

얼핏 보면 마치 창과 방패처럼 이 두 가지는 서로 논리적 모순을 띠고 있는 것처럼 보이기 때문이다.

그러나 이미 말했듯이 이는 이분법적 사고에서 나온 생각이다. '나는 존재한다, 나는 존재하지 않는다'와 같은 '유와 무'는 우리가 차별적인 차원에서 만들어낸 관념이다.

예컨대 전통적인 논리학의 한 원리로서 이분법적 사고의 대표적인 '모순의 원리(the principle of contradiction)'라는 것이 있다. 하나의 명제가 참이라면, 그것의 부정은 참(진리)일 수 없다는 것이다. 즉 "x는 A이다"라면, 그것의 부정인 "x는 A가 아니다"가 동시에 참일 수 없다는 것이다.

예를 들면, 모순의 원리는 "인간은 선하다"라면, "인간은 악하다"라는 말은 성립할 수 없다.

그러나 사실은 "A는 A가 아닌 것이다" 혹은 "A가 아닌 것이 A이다"가

논리적으로 맞는 말이다.[80] 굳이 부처의 가르침을 빌리지 않더라도 말이다.

예컨대 집이란 기와, 벽돌, 나무, 돌의 결합체이다. 즉 집은 집이 아닌 것이다. 사실은 집이 아닌 것이 집이다.

나 역시 '나 아닌' 다른 모든 것이고, 동시에 '나 아닌' 것이 나다. 즉 나 역시 오온의 결합체이고, '나 아닌' 다른 모든 것에 의존하여 존재하고 있는 것이다. 내 안에 나라고 할 게 아무것도 없다.

그래서 이분법적 사고가 오히려 모순인 것이다. '나는 존재한다, 나는 존재하지 않는다'와 같은 '유와 무'는 우리가 차별적인 차원에서 만들어낸 관념이다.

다만 이 우주에 존재하는 모든 사물과 현상은 인연이 결합하여 생겨난 것이고, 또 인연에 의해 끊임없이 변해갈 뿐이다.

이 세상의 모든 것은 무상(無常)할 뿐이다. 제행무상(諸行無常)이다. 이 세상의 그 어떤 것도 영원히 변하지 않는 것은 없다.

봄이 되면 꽃이 울긋불긋 매우 아름답게 피어나지만 가을이 되면 시들어 낙엽이 떨어진다. 인과에 의해서 끊임없이 변하고 있는 것이다.

하지만 우리는 이 몸을 보면서 이것이 나라고 생각한다. 하지만 우리 인간의 몸(色)도 무상하고, 우리가 갖는 느낌(受), 생각(想), 의지(行), 의식(識)도 무상하다. 오온 모두 끊임없이 변한다. 이를 경전에서는 이렇게 비유한다.

---

[80] 일찍이 아리스토텔레스 역시 그의 《형이상학》에서 '모순의 원리'를 넘어서면 "모든 것은 하나다"라는 결론에 이르게 된다고 말한 바 있다(Edward Conze, 《Buddhist Wisdom : The Diamond Sutra and The Heart Sutra》, p 90, Random House, 2001)

색(色)은 모인 물방울 같고
수(受)는 물 위의 거품 같으며
상(想)은 봄날 아지랑이 같고
모든 행(行)은 파초와 같으며
모든 식(識)과 법(法)은 허깨비와 같다고 관찰하라. ―《잡아함경》,〈포말경(泡沫經)〉[81]

즉 우리의 오온도 무상하다. 이 몸이 혹은 이 생각이 나라고 하는 순간, 끊임없이 변하기 때문에 나가 아니다.

그래서 제법이 공하다고 말한다. 공을 아주 쉽게 설명하면 이렇다.

> 첫째, 모든 법(제법)은 실체적 '자아'를 발견할 수 없고, 소유하고 있는 것도 없으며, 속하는 것도 없다는 의미에서 본질적으로 '공'이다. 둘째, 어떤 존재도 홀로 혹은 그 자체로 존재하는 것은 없으며 각자가 서로 의존한다는 의미에서 본질적으로 '공'하다는 것이다.[82]

즉 '공(空)'이란 그 어떤 것도 '나'라고 할 실체적 자아가 없다는 뜻이다. 하지만 또한 '공(空)'이란 '나'를 포함한 제법이 연기적으로 존재한다는 뜻이다. 따라서 공은 유와 무를 초월한다.

무아란 나라고 할 '실체로서의 자아가 없다'는 '공'의 의미이다.

그럼 실체적 자아가 없다면 사람을 죽이거나 물건을 훔쳐도 죄가 되

---

81) 김월운 옮김,《잡아함경》1권, 453쪽
82) Edward Conze,《Buddhist Wisdom : The Diamond Sutra and The Heart Sutra》, p85~86

지 않는 걸까? 인간이 하는 행위에 대한 도덕적 책임도 물을 수 없는 걸까? 결코 그렇지 않다. 이를 《밀린다팡하》에서는 이렇게 비유를 들고 있다.

왕이 물었다.
"존자여, 무엇이 저 세상에 바뀌어 나타납니까?"
"명색(名色)이 바뀌어 태어납니다."
"현재의 나가 저 세상에 바뀌어 태어납니까?"
"아닙니다. 현재의 나에 의하여 선이나 악의 행위가 행해지고, 그 행위로 인하여 또 하나의 새로운 나가 저 세상에 태어납니다."
"존자여, 만일 현재의 나 그대로 저 세상에 태어나는 것이 아니라면, 인간은 악업으로부터 벗어날 수 있지 않겠습니까?"
"만일 저 세상에서 다시 태어나지 않는다면 인간은 악업으로부터 벗어날 수 있을 것입니다. 그러나 저 세상에 다시 태어나는 한 악업으로부터 벗어나지 못합니다."
"비유를 들어주십시오."
"대왕이여, 어떤 사람이 남의 망고나무 과일을 훔쳤다고 하시죠. 망고나무 주인이 그를 붙잡아 왕 앞에서 처벌해 달라고 했을 때, 그 도둑이 말하기를 '대왕이여, 저는 이 사람의 망고를 훔치지 않았습니다. 이 사람이 심은 망고와 제가 딴 망고는 다릅니다. 저는 처벌을 받아서는 안 됩니다' 고 한다면 왕은 어떻게 하겠습니까? 그 사나이를 처벌하겠습니까?"
"존자여, 처벌하겠습니다. 그 사람은 마땅히 처벌을 받아야 합니다."

"무슨 이유로 그러합니까?"

"그가 무슨 말을 하던 처음 심은 망고는 보이지 않지만, 그 망고가 자라난 것이기 때문입니다."

"대왕이여, 마찬가지로 인간은 현재의 나에 의하여 선악의 행위가 행해지고, 그 행위로 인하여 또 하나의 새로운 나가 저 세상에서 태어나는 것입니다. 그러므로 다시 태어난 인간은 그의 업으로부터 벗어나지 못하는 것입니다."

"다시 한 번 비유를 들어주십시오."

"대왕이여, 사람이 남의 쌀이나 고구마를 훔쳤다고 하는 경우도 망고나무 과일의 경우와 똑같다고 할 수 있습니다.

또 어떤 사람이 추울 때 불을 피워 몸을 녹이고 나서 불을 끄지 않고 가버렸는데 불이 번져 남의 밭을 태웠다고 하시죠. 밭 주인이 그 사람을 왕 앞에 데리고 와서 처벌을 내려달라고 했을 때, 그 사람이 말하기를 '대왕이여, 저는 이 사람의 밭을 태우지 않았습니다. 제가 끄지 않은 불과 이 사람의 밭을 태운 불은 다른 불입니다. 저는 죄가 없습니다'라고 한다면, 왕은 그 사나이에게 죄가 있다고 생각하십니까?"

"죄가 있다고 할 수 있습니다."

"어째서 그렇습니까?"

"그가 무슨 말을 하던 처음의 그 불을 원인으로 해서 일어난 불이므로 죄가 있습니다."

"대왕이여, 마찬가지로 사람은 죽음과 함께 끝나는 현재의 나가 저 세상에 다시 태어나는 나와 다르긴 하지만 새로운 나는 현재의 나로부터 나온 결과입니다. 그러므로 악업으로부터 벗어날 수 없습니다."

"또 비유를 들어주십시오."

"대왕이여, 어떤 사나이가 한 소녀에게 구혼하며 값을 치르고 갔습니다. 그런데 그 소녀가 장성하여 묘령의 처녀가 되었을 때, 딴 사나이가 값을 치르고 그 소녀와 결혼했다고 하시죠. 먼저 사나이가 와서 '당신은 왜 나의 아내를 데리고 갔습니까'라고 따졌습니다. 나중 사나이가 '나는 당신의 아내감을 데려간 것이 아닙니다. 당신이 구혼하여 값을 치른 어린 소녀와 내가 구혼하여 값을 치른 처녀는 딴 여자입니다'고 대답했습니다. 그들이 입씨름을 하다가 왕에게 재판을 요구한다고 하면, 왕은 어느 쪽을 옳다고 하겠습니까?"

"먼저 사나이가 옳다고 할 것입니다."

"어째서 그렇습니까?"

"나중 사내가 무슨 말을 하던 장성한 아가씨는 어린 소녀로부터 성장했기 때문입니다."

"대왕이여, 그와 같습니다. 죽음으로 끝나는 현재의 나와 저 세상에서 다시 태어나는 나는 딴 것이긴 하지만, 저 세상 것은 이 세상으로부터 생겨납니다. 그러므로 악업으로부터 벗어날 수 없습니다."

"또 비유를 들어주십시오."

"대왕이여, 어떤 사람이 소치는 소년으로부터 우유 한 병을 사서 그에게 맡기고 가면서 '내일 가지러 오겠다'고 말했습니다. 다음 날 그 우유는 굳은 우유로 변할 것입니다. 그 사나이가 와서 유유를 달라고 하므로 굳은 우유로 변한 것을 내주었습니다. 사나이는 '내가 산 것은 굳은 우유가 아닙니다. 내 우유를 가져 오라'고 했습니다. 소치는 소년은 '나에겐 아무 잘못도 없습니다. 당신의 우유가 굳은 우유로 변한 것뿐입니다'고 설명했습니다. 그들이 서로 싸우다가 왕 앞에서 재판을 받게 된다면, 왕은 어느 편을 옳다고 하겠습니까?"

"소치는 소년을 옳다고 할 것입니다."

"어째서 그렇습니까?"

"우유를 산 사람이 무슨 말을 하던 굳은 우유는 그 산 우유가 변하여 된 것이기 때문입니다."

"대왕이여, 그와 같습니다. 죽음으로 끝나는 현재의 나와는 다르지만, 굳은 우유가 우유로부터 나온 결과이듯이 사람은 악업으로부터 벗어나지 못합니다."

"잘 알겠습니다. 존자여."[83]

많은 사람들이 윤회를 인정한다면 실체적 자아를 인정해야 하고, 무아를 인정한다면 윤회를 인정할 수 없다며 창과 방패처럼 서로 논리적 모순을 띠고 있는 것처럼 말하지만, 이는 이분법적 사고의 대표적인 '모순의 원리'에서 벗어나지 못한 것이다.

'유와 무'는 우리가 차별적인 차원에서 만들어낸 관념이다. 무엇이든 '있다' 혹은 '없다'는 양극단의 이분법적 사고이다. 이를 항상 기억해야 한다.

즉 나는 나가 아니지만, 나가 아닌 것도 아니다.

---

83) 서경수 옮김, 《밀린다왕문경》, 67~74쪽

단견과 상견, 그리고 세 가지 잘못된 견해

하지만 우리 가운데는 윤회를 부인하는 경우가 있다. 예컨대 단견(斷見)이다. 단견이란 '끊어진다는 견해'라는 뜻으로 생은 한 번 뿐이라는 것이다. 죽으면 다 끝난다는 견해이다.

그러나 그렇게 될 수가 없다. 꽃잎 하나도 무가 될 수 없다. 그 어떤 존재도 생멸에서 벗어나지 않는 한 앞으로도 계속해서 다시 태어날 수밖에 없다.

죽으면 다 끝난다는 주장이나 또 이런 믿음과 상관없이 이러한 인과의 사슬을 끊지 못하는 한 윤회의 수레바퀴를 떠나지 못한다.

또 하나는 윤회는 하지만 변치 않는 영혼 같은 것이 있다는 것이다. 즉 상견(常見)이다. 상견이란 '계속 이어진다는 견해'라는 뜻으로 영원히 불멸하는 변치 않은 '나'라는 존재가 있다는 견해이다. 그러나 이 역시 그렇게 될 수가 없다. 모든 존재는 무상하다. 변치 않는 '나'도 없고, '세상'도 없다. 모든 존재와 현상은 오직 인과에 따를 뿐이다.

그래서 부처는 단견과 상견을 모두 옳지 않다고 부정하면서 중도에 머무를 것을 요구한다. 중도는 이 양 극단의 견해를 초월하는 것이다.

중도는 '연기론'을 따르는 것이다. "이것이 있어 저것이 있고, 이것이 사라지면 저것도 사라진다."

또한 이 세상에는 크게 세 가지 잘못된 관념을 가지고 사는 사람들이 있다.

첫째는 운명론(運命論 : 숙명론宿命論)이다. 인간의 운명은 과거의 행위에 의해 미리 결정되어 있다는 것이다. 이는 완벽한 결정론의 세계로서 미래가 정해져 있다는 것을 의미한다. 인간의 행동이나 결정 등을 포함해서 세상의 사건은 필연적이고 불가피하게 그렇게 되도록 정해져 있어 인간의 노력으로 바꿀 수 없다는 것이다. 이미 필연적이고 불가피한 결과라는 것이다. 이들은 인간의 자유의지에 의한 행위를 인정하지 않는다.

둘째는 신의론(神義論)이다. 이 세상은 모든 것이 신의 뜻에 의해 이루어진다는 것이다. 그러므로 절대적 권능을 가진 신을 믿고 신에게 빌고 의존해야 한다고 말한다. 인간의 행위와는 상관없이 무조건 신을 믿지 않으면 지옥에 간다고 말한다. 이 역시 인간의 자유의지에 의한 행위를 인정하지 않는다.

셋째는 우연론(偶然論 : 무인무연론無因無緣論)이다. 모든 것이 인과와 상관없이 우연히 일어날 뿐 세계는 아무런 법칙도 없다는 견해이다. 아무 것도 운명을 지배하는 원인이나 조건이 없다고 여기므로 제멋대로 그냥 잘 먹고 잘 놀면 된다는 일종의 쾌락주의이다. 이 역시 인간의 자유의지와 상관없다.

그러나 이러한 주장들은 황당하고 터무니없는 주장이다. 예컨대 살인을 하거나 도둑질을 하거나 거짓말을 해도 그것은 다 '숙명'이거나 '신의 뜻'이거나 '우연'이라고 한다면, 죄를 지어도 책임질 이유도 없다. 또한 성공과 실패, 행복과 불행이 운명적으로 정해져 있다거나 신의 뜻에 의해서 결정된다거나 우연히 결정된다면, 우리에게 삶은 아무런 의미가 없다. 우리가 추구해야 할 가치도 잘 살려는 의욕도 더 이상 노력할 이유도 없다. 노력을 해도 그것과는 상관없이 그 결과가 우연히 이루어진다거나 혹은 운명이나 신의 뜻에 달려 있기 때문이다.

이 세 가지 모두 터무니없는 주장으로 진리가 아니며 옳지 않은 것이 명백하다.

간략히 말해서 모든 것이 운명이이거나 신의 뜻이거나 우연이라고 한다면, 아무런 자유의지가 없는 인간은 왜 살아야 하나? 인간은 아무런 의미가 없게 될 것이다.

이는 부처가 살아 있는 당시에도 이런 주장을 하는 사람들이 있었다. 그래서 부처는 이런 견해를 삼종외도(三種外道)라고 한 것이다.

모든 것에는 원인이 있다. 어떤 결과든 그 원인이 있는 것이다. 숙명적으로 미리 결정된 것도 아니고, 신의 섭리에 의해 이루어지는 것도 아니고, 우연에 의한 것도 아니다.

이 세계는 인간의 의지와 노력, 결정론, 확률론이 인과의 사슬을 이루며 끊임없이 변하며 움직이고 있다. 미래는 결정되어 있는 것이 아니다. 무한히 열려 있다. 다만 인간의 지혜로 어지간해서는 알아차리기가 힘들 뿐이다. 이 세상은 확률적으로만 예측이 가능한 미시적인 세계까지를 포함하고 있기 때문이다.

그러나 분명한 것은 인간의 노력과 의지도 여기에 작용한다. 우리의 노력과 의지에 따라 우리의 미래의 삶에 영향을 미치게 된다. 비유하면 이렇다.

> 비유하면 마치 큰 나무가 가지를 내려뜨리고 있는데 어느 한쪽으로 쏠리거나 기우는 곳이 있다고 할 때 만약 그 뿌리 부분을 베면 어디로 넘어지겠는가? 당연히 그 나무는 본래 향하고 있던 곳이든지 쏠리거나 기우는 쪽으로 넘어질 것이다. ―《잡아함경》, 〈자공경(自恐經)〉[84]

---

[84] 김월운 옮김,《잡아함경》4권, 124~125쪽 참고

또 비유하면 이렇다.

나쁜 업의 인(因), 나쁜 마음의 인, 나쁜 견해의 인이 있다. 그런 업인이 있는 중생은 몸이 무너지고 목숨이 끝나면 틀림없이 나쁜 세계인 지옥에 떨어진다. 비유하면 둥근 구슬을 공중에 던지면 그것이 다시 땅에 떨어져 굴러서 본래 있던 자리에 머물지 않는 것처럼 나쁜 업의 인(因), 나쁜 마음의 인, 나쁜 견해의 인은 몸이 무너지고 목숨이 끝난 뒤에는 반드시 지옥에 떨어져 본래의 자리에 머물 수 없게 된다. ―《잡아함경》, 〈원주경(圓珠經)1〉[85]

또 비유하면 이렇다.

비유하면 막대기를 공중에 던지면 혹은 머리부터 땅에 떨어지기도 하고, 혹은 꼬리부터 땅에 떨어지기도 하며, 혹은 평행을 이루며 땅에 떨어지기도 하는 것처럼 시작이 없는 나고 죽음에 오랜 세월 동안 윤회하다 보면 혹은 지옥에 떨어지기도 하고, 혹은 축생 세계에 떨어지기도 하며, 혹은 아귀의 세계에 떨어지기도 한다. 이와 같이 시작이 없는 나고 죽음에 오랜 세월 동안 윤회한다. ―《잡아함경》, 〈대우홍주경(大雨洪澍經)〉[86]

무거운 것을 지면 구부러지게 마련이고, 가벼워야 오를 수 있는 것과 같다. 또한 불이 남은 물질이 있으면 타고, 남은 물질이 없으면 타지 않

---

85) 김월운 옮김,《잡아함경》4권, 377~378쪽 참고
86) 김월운 옮김,《잡아함경》4권, 163~164쪽

는 것과 같다.

이렇게 우리가 살아생전에 지은 업에 의해서 그 뿌린 대로 다음 생이 결정된다는 것은 당연한 이치이다.

인정하든 그렇지 않든, 전생의 행위에 의해서 현생이 영향을 받고, 이생의 행위에 의해서 다음 생의 몸과 환경이 만들어지고, 또 그렇게 그 업을 짊어진 채 한 생, 또 한 생 살아가는 것이다.

모든 행위는 과보가 따르기 때문이다. 선행은 좋은 과보를 잉태하고, 악행은 나쁜 과보를 잉태한다.

따라서 누가 죄를 지으면, 누군가가 그 죄를 묻는 것이 아니라 그 죄 자체가 그를 벌하는 것이다.

이는 과거의 우리의 자유의지가 현재의 우리 운명의 원인이고, 현재의 우리의 자유의지가 미래의 우리 운명의 원천이 된다는 의미이다.

> 몸으로 나쁜 행동을 하고 입으로 나쁜 말을 하고 뜻으로 나쁜 생각을 한다면, 그 나쁜 인연을 지음으로 말미암아 몸이 무너지고 목숨이 끝난 뒤에는 나쁜 세계인 지옥에 떨어진다.
>
> 몸으로 착한 행동을 하고 입으로 착한 말을 하고 뜻으로 착한 생각을 한다면, 그 인연을 지음으로 말미암아 몸이 무너지고 목숨이 끝난 뒤에는 천상에 태어난다. ―《잡아함경》,〈승가라경(僧迦羅經)〉[87]

어떤 사람은 모태에 다시 들어가고(즉 이 세상에 다시 태어나고), 악

---

87) 김월운 옮김,《잡아함경》1권, 162~163쪽 참고

인은 지옥으로 떨어지고, 착한 이는 천상으로 올라가고, 번뇌에서 벗어난 이는 열반에 든다. —법구경 126[88]

불교에서는 인간이 사후에 태어날 수 있는 조건을 생각과 말과 행동으로 짓는 업에 따라 이렇게 천상과 지옥을 포함하여 여섯 가지가 있다고 말한다. 이것을 육도윤회(六道輪廻)라고 한다.

업은 우리가 한 행위에 대한 책임을 우리 각자에게 지우게 하고, 그 행위들부터 빚어지는 결과를 받아들이게 하는 것이다. 우리가 선업을 짓느냐, 악업을 짓느냐는 전적으로 자신의 자유의지에 달려 있다.

그러나 우리는 무명에 덮이고, 욕망에 얽매여 오랜 세월 동안 윤회하면서도 괴로움의 원인을 깨닫지 못하고 업을 짓고 것이다.

그 결과 육도(六道)를 윤회하고 있는 것이다.

---

[88] 유중 옮김, 《하룻밤에 읽는 법구경》, 57쪽

13
육도윤회란 무엇인가?

나는 왜 인간으로 태어났고, 이 몸으로 이 시대와 환경에서 살아가는 걸까? 전생에 내가 지은 업으로 인해 이 생에 나는 인간으로 태어났고, 또 그것이 인연이 되어 이 몸으로 이 시대와 환경에서 살아가고 있다.

그래서 이 생의 나를 보면 전생의 나의 모습을 상상할 수 있고, 또 이 생의 나의 생각과 말과 행동을 보면 내생의 나의 모습을 그려볼 수가 있다.

그리고 지금 이 순간 나의 모습은 지난 과거에 내가 뿌린 생각과 말과 행동이 낳은 결과이다. 그래서 지금의 나를 보면 과거에 내가 살아온 삶을 볼 수 있고, 또 지금 나의 생각과 말과 행동을 보면 미래의 나의 모습을 그려볼 수가 있다.

가까운 미래든 먼 미래든, 심지어 다음 생도 각자 자신이 창조해 가기 때문이다.

아무튼 우리가 생멸에서 벗어나지 않는 한 앞으로도 계속해서 다시 태어날 것이라는 건 분명하다.

물론 내가 죽은 후, 내가 어느 세계에서 어떤 모습으로 태어날지는 전적으로 자신에게 달려 있다.

육도윤회(六道輪廻)란 인간이 사후에 태어날 수 있는 조건을 생각과 말과 행동으로 짓는 업에 따라 천상, 아수라, 인간, 아귀, 지옥, 축생으로 끝없이 태어나 윤회한다는 것이다. 그 결과 내생의 나의 모습은 또 달라진다.

육도(六道) – 천상, 아수라, 인간, 아귀, 지옥, 축생 – 를 구체적으로 설명하기 전에 아주 간략하게 소개하면 이렇다.

1. 천상 : 이 세계는 천인(天人)들이 행복과 장수의 생활을 누리는 곳이다. 이것은 전생에서 행한 선업에 의한 것이다. 그러나 이러한 천인의 생활도 그 과보가 다하고 나면 다시 윤회를 하게 된다.

2. 아수라 : 아수라는 지혜는 있으나 싸우기를 좋아하는 사람이면서 사람이 아닌 천룡팔부 중의 하나이다. 이 세계는 싸움을 좋아하여 늘 천상의 신들과 전쟁을 벌인다. 우리가 피비린내 나는 전쟁터나 끔찍하게 흐트러진 현장을 아수라장이라 부르는 것은 바로 여기서 유래한 것이다.

3. 인간 : 인간은 각종 생로병사의 고난을 받는다. 그러나 인간으로 태어나는 것은 쉬운 일이 아니다. 해탈을 통해 대자유인이 되는 좋은 기회이기도 하다.

4. 아귀 : 아귀는 배와 위는 아주 크지만 목구멍은 대단히 가늘고 작다고 한다. 그래서 아귀들의 가장 큰 고통은 배고픔이다. 또 무엇을 한번 먹으려 해도 목구멍에서 위까지 타들어 가는 고통을 겪는다고 한다.

5. 지옥 : 이곳의 중생들은 지은 악업 때문에 이루 말할 수 없는 온갖 고통을 받는다. 이른바 18층 지옥의 형벌이 있다고 한다.

6. 축생 : 이곳의 중생은 먹이사슬의 큰 고통을 받으며 여타 다른 중생의 쓰임에 이용된다. 축생은 그 업이 다해야 다시 다른 몸을 받게 된다.

이 가운데 특히 지옥, 아귀, 축생을 3악도(三惡道)라고 말한다. 이는 이 세 곳에서는 즐거움은 없고 고통만이 있는 곳이기 때문이다.

우리가 악업을 지으면 이런 3악도에 떨어져 고통을 받게 된다. 그러나 악업을 지으면 3악도에 떨어지기 전, 이 세상에서도 세 가지 고통을 받으며 괴로움에 시달리게 된다.

그 세 가지란 무엇인가? 어리석은 사람은 생각하는 바가 나쁘고, 말하는 바가 나쁘며, 행동하는 바가 나쁘다. 그리하여 현재 세상에서 그 재앙을 받아 '몸'으로 괴로워하고 '생각'으로 괴로워하며 '걱정'으로 괴로워한다.

'내가 한 나쁜 일로 인해 죽어서는 지옥에 들어갈 것이다. 나는 세상을 살면서 살생을 좋아하였고, 도둑질을 좋아하였으며, 음행을 좋아하였고, 남 속이기를 좋아하였으며, 이간질하기, 나쁜 말하기, 거짓말하기, 질투하기, 아끼고 탐내기를 좋아하였다. 지은 인연에 따라 재앙이나 복의 갚음이 있는 것과 저 세상이 있는 것을 미처 깨닫지 못하고 죄를 지었다. 그러므로 나는 죽으면 지옥에 들어갈 것이다'라고 걱정한다. 이것이 '걱정의 괴로움'이다.

그리고 '지옥에 떨어지면 온갖 불구덩이 속에서 갖가지 벌을 받게 될 것이고, 끝없는 괴로움에 시달리게 될 거야'라며 지옥을 상상하게 된다. 이것이 '생각의 괴로움'이다.

또한 '내가 한 나쁜 일로 인해 죽어서는 지옥에 들어갈 것이고 지옥에 들어가면 갖가지 벌을 받게 될 것이라는 생각으로 낮이나 밤이나 누웠거나 일어나거나, 일찍이 안온한 일이 없다. 이것이 '몸의 괴로움'이다. ─《불설니리경(佛說泥犁經)》[89]

이와 같은 세 가지 고통을 살아서도 받지만, 죽어서 지옥에 떨어져서 받는 고통은 이루 말할 수가 없다.

그럼에도 불구하고 탐욕과 성냄과 어리석음에서 벗어나지 못하고 생

---

[89] 이 내용은 《중아함경》, 〈치혜지경(癡慧地經)〉도 참고하라.

각과 말과 행동으로 악업을 짓는 것, 그것은 아마도 어리석고 못난 중생들의 공통된 모습인 것 같다.

예컨대 많은 사람들이 내일 일은 걱정을 한다. 하지만 다음 생을 준비하는 중생은 드물다. 다음은 《법구경》에 나오는 구절들이다.

> 그대의 생은 종점에 다다랐다.
> 그대는 이미 염라대왕 앞에 와 있다.
> 죽음으로 가는 길 도중에 쉴 곳도 없는데
> 그대는 길 떠날 준비조차 되지 않았구나. ─법구경 237[90]

> 우기(雨期)에는 여기서 살고,
> 여름과 겨울에는 저기서 살자고,
> 어리석은 자는 생각하지만,
> 죽음이 오고 있는 것은 생각지 않는다. ─법구경 286[91]

지옥

지옥은 어떤 모습일까? 4세기 말 동진시대 때 인도 출신의 승려 축담무란(竺曇無蘭)이 한역한 《불설니리경(佛說泥犁經 : '니리'는 지옥을 뜻함)》을 비롯해 《중아함경》의 〈치혜지경(癡慧地經)〉, 《장아함경》의 〈세기경(世記經)〉의 '지옥품', 《증일아함경》의 〈팔난품(八難品)1〉 등 여러 곳에

---
90) 유중 옮김, 《하룻밤에 읽는 법구경》, 101쪽
91) 유중 옮김, 《하룻밤에 읽는 법구경》, 118쪽

서 지옥의 고통을 생생하게 묘사하고 있는 것을 볼 수 있다. 예를 들면, 이렇다.

> 지독히 괴로워 견딜 수 없는 곳을 알고자 한다면, 그곳은 오직 지옥이다. 지옥의 그 지독한 괴로움은 이루 다 말할 수 없다.
>
> 그런데도 어리석은 사람들은 마음으로 악을 생각하고 입으로 악을 말하며 몸으로 악을 행하다가 죽은 뒤에는 지옥 속에 떨어진다.
>
> 지옥에는 사람을 앞으로 끌고 가서 갈구리로 그 위턱을 당기고 또 갈고리로 그 아래턱을 당겨 입을 짝 벌린 뒤에 구리쇠 녹인 끓는 물을 그 입에 쏟으면, 입술, 혀, 창자, 위 등이 모두 타서 문드러지고 구리 쇳물은 밑으로 내려가는데 그 지독한 고통은 견딜 수 없다.
>
> 그 사람이 세상에 살 때 한평생 늘 부정한 재물과 음식을 구했기 때문에 구리쇠 녹인 물을 쏟는 것이니, 지옥의 심한 고통은 이와 같다. 그러나 전생의 죄악이 풀리지 않았기 때문에 죽지도 않는다.
>
> 또 지옥에는 사람을 잡아다 쇠 산 위에 올려놓고 불로 산을 태워 시뻘겋게 달군 뒤에 위로 달리고 밑으로 달리게 하는데, 그 지독한 고통은 견딜 수가 없다.
>
> 또 지옥에는 사람을 잡아다 놓고 시뻘겋게 단 쇠도끼로 그 손과 발을 자르고 온 뼈마디를 잘라 난도질을 하는데, 그 지독한 고통은 견딜 수가 없다.
>
> 또 지옥에는 부리가 쇠와 같은 새가 사람의 머리를 쪼아 그 골을 먹는데, 그 지독한 고통은 견딜 수가 없다.
>
> 또 지옥에는 칼로 양쪽 방장(膀腸 : 오줌보와 창자)에서 양쪽 옆구리까지의 가죽을 올려 벗기고 쇠수레를 거기 매어 양쪽 옆구리 살로

덮고는 쇠수레를 끌고 불 위를 달리게 하는데, 그 지독한 고통은 견딜 수가 없다.

또 지옥에는 물이 부글부글 끓는 가마솥에 거꾸로 던지면 밑에 있어도 삶아지고 위에 있어도 삶아지며, 끓는 물이 오르내리기 때문에 삶아지지 않는 곳이 없다. 그것은 그 사람이 세상에 있을 때 한 평생 늘 마음을 함부로 하고 입을 함부로 하며 몸을 함부로 한 까닭이니, 지옥의 심한 고통은 이와 같다. 그러나 전생의 죄악이 풀리지 않았기 때문에 죽지도 않는다.

또 지옥에는 지옥성이 있는데, 지옥의 성은 정방형이고 4면에는 성문이 있다. 성벽은 모두 쇠로 되어 있고, 또 그 성은 쇠로 덮여 있어 아무 것도 빠져 나가지 못하게 하였다. 바닥은 모두 불에 달구어져 시뻘겋고, 네 벽은 불꽃이 타오른다. 열 가지 죄를 범한 악인들은 모두 이곳에 떨어진다.

그리고 이 지옥성에서 풀려난 후에는 타고 굽고 볶고 익혀지는 탄화지옥(炭火地獄), 추위에 얼어 벌벌 떨다가 몸이 부서지고 찢어지는 한빙지옥(寒氷地獄), 끓는 똥 냄새가 지독한 비시지옥(沸屎地獄), 또 지독한 냄새는 말할 수 없고 고름과 피가 끓는 농혈지옥(膿血地獄)이 기다리고 있다. 그 속에 떨어지는 사람은 모두 삶기고 문드러져 형체가 허물어지면 까마귀밥이 되는데, 그 지독한 고통은 견딜 수가 없다. 그러나 전생의 죄악이 풀리지 않았기 때문에 죽지도 못한다.

또 농혈지옥에서 벗어나와 산으로 달려 오르면 이번에는 체두도산(剃頭刀山)이 기다리고 있다. 그 산에는 칼이 있어서 걸으면 발을 베이고 잡으려 하면 손이 잘리며, 앞으로 나아가려고 하면 배를 째이고 누우려고 하면 등이 찔리며, 걸터앉으려 하면 허벅다리를 베이고 넘어지려고 하면 옆구리를 베이는데, 그 지독한 고통은 견딜 수가 없다.

또 그곳을 지나면 칼나무 숲[釼樹]이 있는데, 그 나뭇가지는 모두 칼과 같으며, 또 그곳을 지나면 쇠대나무갈대밭[鐵竹蘆]이 있는데, 갈대나 대나무 잎은 모두 날카로운 칼과 같다. 그 나뭇가지와 잎들이 사람의 살을 꿰뚫고 사람의 뼈를 잘라 온몸이 성한 곳이 없게 된다.

또 그곳을 벗어나면 함수지옥(鹹水地獄)이 기다리고 있는데, 소금과 같은 짠물이 부글부글 끓는다. 그 물에는 부리가 쇠와 같은 새가 있어 사람의 살과 뼈를 쪼아 먹는다. 그 지독한 고통은 견딜 수 없다.

또 그곳을 벗어나면, 다시 그의 위아래 턱을 당겨 입을 벌리고는 구리쇠 녹인 쇳물을 그 입에 쏟는다. 그 쇳물로 입술, 혀, 창자, 위 등이 모두 타서 문드러지고 계속 구리 쇳물은 밑으로 내려가는데, 그 지독한 고통은 견딜 수 없다. 그러나 전생의 죄악이 풀리지 않았기 때문에 죽지도 못한다.

지옥의 고통은 이루 다 셀 수 없어 간략히 말하였을 뿐, 지옥의 심한 고통은 이와 같으니라. －《불설니리경》

한마디로 말해서 지독히 괴로워 견딜 수 없는 곳을 알고자 한다면, 그곳이 바로 지옥이다. 지옥의 그 지독한 괴로움은 말로 다 표현할 수 없고, 지옥은 오직 고통만이 있을 뿐이다. 전혀 좋아할 만한 것이 없고, 즐거워할 만한 것이 없으며, 마음으로 생각할 만한 것이 없는 곳이다.

《밀린다팡하》에서는 지옥을 다음과 같이 묘사하고 있다.

> 지옥의 불은 자연의 불보다도 훨씬 더 강렬하다. 자연의 불 속에 던져진 조약돌은 하루 동안 태워도 녹지 않지만, 집채 만한 커다란 바위도 지옥의 불 속에 들어가면 순식간에 녹아 버리고 만다. 그러나 지옥에 태어난 생명체는 수천 년 동안 지옥의 불 속에서 타더라도 녹아 없어지지 않는다.
> 암상어와 암악어와 암거북과 암공작과 암비둘기들은 단단한 돌이나 자갈이나 모래를 먹게 된다. 그러나 그 돌이나 자갈이나 모래는 뱃속에 들어가면 녹아 버리지만, 뱃속에 든 그들의 태아(胎兒)는 녹지 않는다.
> 마찬가지로 지옥에 태어나는 생명체는 수천 년 동안 지옥 속에 있어도 녹지 않는다. 지옥에 있는 생명체는 거기서 태어나 거기서 성장하고 또 거기서 죽는다. 그러나 악업(惡業)이 소멸되지 않는 한 그는 죽지 않는다.[92]

어느 날 부처님이 사위성 기원정사에 계실 때의 일이다. 아마도 제자들도 지옥에 대한 궁금증이 있었을 것이다. 부처님은 제자들에게 지옥의 모습을 크게 여덟 개로 나누어 이렇게 설명한 바 있다.

> 사람들이 죄를 짓고 한량없는 죄과를 받아 큰 고통을 받는 여덟 개의 큰 지옥이 있다.

---

92) 서경수 옮김,《밀린다왕문경》, 139~140쪽 참고

첫째는 환활지옥(還活地獄)이다. 여기서는 온몸을 꼿꼿하게 해놓고 고통에 시달리게 하여 그 몸에는 피도 살도 없고 뼈만 남는다. 그래도 죽을 수가 없다. 저희들끼리 '도로 살아나라'고 하면 다시 살아나서 고통을 받는다. 그래서 '도로 살아나는 지옥'이라 한다. 이곳은 바른 견해를 훼손하고 바른 법을 비방하면서 멀리한 사람이 과보로 들어가는 지옥이다.

둘째는 흑승지옥(黑繩地獄)이다. 여기서는 온몸의 힘줄이 모두 밧줄로 변하고, 그러면 톱으로 그 몸을 켠다. 그래서 '검은 밧줄 지옥'이라고 한다. 이곳은 살생하기를 좋아하는 사람이 과보로 들어가는 지옥이다.

셋째는 등해지옥(等害地獄)이다. 여기서는 같이 있는 사람들이 한 곳에 모여 서로의 목을 베며 고통을 주지만 모두 다시 살아난다. 그래서 '서로 해치는 지옥'이라고 한다. 이곳은 소나 염소 따위를 살생하기 좋아하는 사람이 과보로 들어가는 지옥이다.

넷째는 체곡지옥(涕哭地獄)이다. 여기서는 선의 근본이 완전히 끊어져 털끝만큼도 남아 있지 않아 그 지옥 안에서 한량없는 고통을 받으면서 원망하고 울부짖는 소리가 끊이지 않는다. 그래서 '울음소리 지옥'이라고 한다. 이곳은 주지 않는 물건을 갖거나 남의 것을 훔친 사람이 들어가는 지옥이다.

다섯째는 대체곡지옥(大涕哭地獄)이다. 여기서는 이루 헤아릴 수 없는 한량없는 고통을 받으면서 울부짖고 스스로 가슴을 치고 제 몸을 쥐어짜며 한목소리로 부르짖는다. 그래서 '큰 울음 지옥'이라고 한다. 이곳은 음탕한 짓을 좋아하고 거짓말하기를 밥 먹듯 한 사람이 들어가는 지옥이다.

여섯째는 아비지옥(阿鼻地獄)이다. 여기서는 지은 죄업에 따라 온갖 형벌의 고통을 받되 잠시도 쉬는 시간이 없는 무간(無間)의 고통을 받는다. 그래서 '쉴 틈이 없는 지옥'이라 한다. 이곳은 부모를 죽이고, 절과 탑을 부수며, 수행자들을 괴롭히고, 성인을 비방하며, 대중들과 싸우고, 그릇되고 뒤바뀐 소견을 익히며, 삿된 소견과 어울리는 중생들이 들어가는 지옥이다.[93]

일곱째는 염지옥(炎地獄)이다. 여기서는 몸에서 불꽃과 연기가 일어나고 온몸이 찌직찌직 녹아 문드러지는 고통을 받는다. 그래서 '불꽃 지옥'이라고 한다. 이곳은 이쪽에서 들은 말을 저쪽으로 옮기고 저쪽에서 들은 말을 이쪽으로 옮기며 이간질한 사람이 들어가는 지옥이다.

여덟째는 대염지옥(大炎地獄)이다. 여기서는 지옥에 남아있는 사람조차 볼 수 없을 정도로 큰 불꽃으로 몸을 태우고 또 태운다. 그래서 '큰 불꽃 지옥'이라고 한다. 이곳은 닥치는 대로 싸우고 남의 물건을 탐내고 인색하며 미워하며 의심하는 사람이 들어가는 지옥이다.

이 여덟 지옥에는 또 각각 온갖 잡된 업을 짓고 목숨을 마친 뒤에 들어가는 열여섯 개의 작은 지옥이 있다. 우발(優鉢), 발두(鉢頭), 구모두(拘牟頭), 분타리(分陀利), 미증유(未曾有), 영무(永無), 우혹(愚惑), 축취(縮聚), 도산(刀山), 탕화(湯火), 화산(火山), 회하(灰河), 형극(荊棘), 비시(沸屎), 검수(劍樹), 열철환(熱鐵丸) 지옥 등이다.

그러므로 어리석은 이는 마치 저 광음천에 사는 듯 늘 기뻐하지만, 지혜로운 이는 마치 저 지옥에 사는 듯 늘 두려워한다. ―《증일

---

[93] 우리가 말하는 아비규환이란 아비지옥과 또 다른 지옥인 규환지옥을 합쳐서 한 말이다.

아함경》,〈팔난품(八難品)1〉[94]

어찌 이것을 보고도 악을 행하겠는가? 어찌 이것을 보고도 탐내고, 성내고, 어리석은 짓을 하겠는가? 어찌 이것을 보고도 스스로 허물을 고치고 선을 행하지 않겠는가? 어찌 사람으로 있을 때, '생각'을 바르게 하고, '말'을 바르게 하고, '행동'을 바르게 하지 않겠는가? 만약 지혜로운 사람이라면 선한 생각을 하고, 선한 말을 하고, 선한 일을 행할 것이다.

명상하라, 방종하지 말라.
마음을 감각적 욕망에 두지 말라.
지옥에 떨어져 뜨거운 쇳덩이를 삼키는 일 없도록 하라.
지옥불에 타면서 "아 괴롭다"고 고함치는 일 없도록 하라. ―법구경 371[95]

우리가 상상도 못하는 지독히 괴로워 견딜 수 없는 곳, 그곳이 바로 지옥이다. 지옥을 포함하여 아귀, 축생을 3악도―3악취(惡趣)라고도 함―라고 하는데, 이는 중생이 악한 마음으로 악업을 짓고, 그 악업이 원인이 되어 태어나 사는 고통의 세계이다.
그럼에도 불구하고 탐욕이나 욕심 때문에 생각으로, 입으로, 몸으로 나 혹여 십악(十惡)을 짓고 있다면, 이와 같은 지옥을 떠올려 보거나 다음에 설명할 축생의 삶을 떠올려보라. 이것도 마음을 다스릴 수 있는 하

---

94) 김월운 옮김,《증일아함경》3권, 379~385쪽 참고, 동국역경원, 2011
95) 유중 옮김,《하룻밤에 읽는 법구경》, 149쪽

나의 방법이 될 것이다.

축생

어떤 사람이 악행을 지은 결과로 다행히 지옥을 벗어나 축생으로 태어난다면, 축생의 삶은 어떨까? 다행히 지옥을 벗어나 축생으로 태어난다고 하더라도, 그 삶이 지옥보다는 나을지는 몰라도 그 축생의 삶 또한 몹시 괴로운 것이다.

《불설니리경》과 《중아함경》〈치혜지경(癡慧地經)〉에서는 지옥에 이어 계속해서 축생의 삶에 대해서 이렇게 말한다.

> 만약 어리석은 사람이 혹 때로는 지옥을 벗어나 축생으로 태어나더라도 그 축생도 또한 몹시 괴로운 것이다.
> 어떤 것이 축생의 괴로움인가? 사람이 악을 짓고 축생으로 태어나면 생풀이나 생나무를 씹어 먹는다. 생풀이나 생나무를 밥으로 삼아 혀로 집고 씹어 먹는 짐승이란 이른바 소, 말, 사슴, 노새, 나귀, 코끼리, 낙타, 물소 등 많은 종류들이다. 만약 사람이 세상에 살 때 늘 마음으로 악한 생각을 하고, 입으로 악한 말을 하며, 몸으로 악한 짓을 하면 그 인연으로 죽어서는 이런 축생으로 태어나는 것이니, 그 괴로움은 말할 수 없다.
> 또 어떤 짐승은 어둠 속에서 태어나 어둠 속에서 자라다가 어둠 속에서 죽는다. 어둠 속에서 태어난 짐승이란 이른바 뱀, 쥐, 삵, 개미 등 많은 종류들이다. 만약 사람이 세상에 살 때 늘 마음으로 악한

생각을 하고, 입으로 악한 말을 하며, 몸으로 악한 짓을 하면 그 인연으로 죽어서는 이런 짐승으로 태어나는 것이니, 그 괴로움은 말할 수 없다.

또 어떤 짐승들은 물에서 태어나 물에서 살다가 물에서 죽는다. 물에서 태어난 것이란 이른바 물고기, 자라, 거북, 악어, 바다뱀 등의 많은 종류들이다. 만약 사람이 세상에 살 때 늘 마음으로 악한 생각을 하고, 입으로 악한 말을 하며, 몸으로 악한 짓을 하면 그 인연으로 죽어서는 이런 짐승으로 태어나는 것이니, 그 괴로움은 말할 수 없다.

또 어떤 벌레는 냄새나는 곳에서 태어나 냄새나는 곳에서 자라다가 냄새나는 곳에서 죽는다. 냄새나는 곳에서 태어나는 벌레란 이른바 진땅의 벌레, 시궁창의 벌레, 뒷간의 벌레 등 많은 종류들이다. 만약 사람이 세상에 살 때 늘 마음으로 악한 생각을 하고, 입으로 악한 말을 하며, 몸으로 악한 짓을 하면 그 인연으로 죽어서는 이런 벌레들로 태어나는 것이니, 그 괴로움은 말할 수 없다.

또 어떤 벌레나 짐승은 주로 더러운 것을 먹는데 사람의 오줌과 똥을 보면 멀리서 그 냄새를 맡고 달려와 먹는다. 마치 뭇 남녀들이 음식 냄새를 맡고 곧 그리로 달려가는 것과 같다. 오줌과 똥을 먹는 것이란 이른바 개, 돼지, 승냥이, 까마귀, 파리, 벌레 따위이다. 만약 사람이 세상에 살 때 늘 마음으로 악한 생각을 하고, 입으로 악한 말을 하며, 몸으로 악한 짓을 하면 그 인연으로 죽어서는 이런 벌레나 짐승으로 태어나는 것이니, 그 괴로움은 말할 수 없다.

혹 어리석은 사람이 축생을 벗어나 도로 사람으로 태어나려 하더라도 그것은 지극히 어려운 일이다.

왜냐하면 저 축생들은 아무것도 아는 것이 없고 법도 없고 선악도 알지 못하고, 묘하고 착한 일을 행하지 않기 때문이다. 저 축생들은 다시 서로 잡아먹는데, 강한 놈은 약한 놈을 잡아먹고, 큰놈은 작은놈을 잡아먹는다.

이는 너희들을 위하여 한량없는 방편으로써 저 축생에 대하여 말하고 그 축생들이 겪는 일을 말하였다. 그러나 이 축생의 괴로움을 낱낱이 다 말할 수는 없다. 짐승이나 벌레의 종류가 수없이 많지만 간략히 말하였을 뿐, 그저 축생은 오직 괴로움만 있을 뿐이다.

그러나 몸으로 항상 선을 행하고 입으로 항상 선한 말을 하며 마음으로 항상 선한 생각을 하면 그 인연으로 그는 죽어서 천상에 나느니라. ―《중아함경》, 〈치혜지경(癡慧地經)〉[96]

이외에도 축생으로 태어나는 것은 고통이 많고 낙이 적으며, 성질이 무지하여 식욕과 색욕만이 강하고 서로 잡아먹고 싸우는 물과 하늘과 땅에 사는 동물들을 모두 뜻한다.

아귀

3악도 가운데 아귀계는 어떨까? 아귀계는 주로 간탐(慳貪)과 아낌과 인색함으로 인하여 생전에 보시(布施 : 베풂)를 하지 않았거나 다른 사람의 보시를 방해하는 행위를 저지른 자가 태어나는 곳이라고 한다. 아귀

---

96) 김월운 옮김, 《중아함경》 4권, 〈치혜지경(癡慧地經)〉, 264~267, 272쪽 참고

로 태어나는 존재들은 목은 바늘구멍처럼 작아 음식을 삼킬 수가 없는데도, 배는 덩그렇게 커서 항상 굶주림에 시달리고, 무엇을 삼키려면 목에서 불이 나는 고통을 겪는다고 한다.

 사람이 악을 짓고 아귀(餓鬼)로 태어나면 그는 항상 끓는 똥오줌을 먹게 된다. 무슨 이유로 그는 끓는 똥오줌을 먹게 되는가? 그 사람은 세상에 살 때 늘 마음으로 악한 생각을 하고, 입으로 악한 말을 하며, 몸으로 악한 짓을 하고 음식을 탐내어 인색하고 아꼈기 때문에 아귀로 태어나는 것이다.
 또 아귀는 피고름을 음식으로 삼는다. 그 사람은 세상에 살 때 늘 악을 짓고 맛있는 음식을 즐겼기 때문에 지금은 피고름을 먹는 것이다.
 또 아귀의 세계에는 아귀의 살을 주로 먹는 검은 개와 흰 개가 있다. 또 아귀의 세계에는 주로 그 골을 먹는 까마귀도 있다.
 또 그들 중에는 10년 동안 물을 보지 못한 자도 있고 백 년 동안 물을 얻지 못한 자도 있다. 그들이 멀리서 맑게 흐르는 물을 보고 곧 달려가 마시려 하면 그 물은 이내 말라 버린다. 때로는 그 물이 구리쇠 녹인 물로 변하거나 혹은 짠물이 뜨거운 물처럼 끓는다. 그래도 달려가 마시려 하면 귀신이 매로 때린다. 아귀로 사는 괴로움은 이와 같다.
 이는 아귀의 종류는 많지만 간략히 말하였을 뿐이다. —《불설니리경》

우리는 인과법칙에 따라 뿌린 대로 그 열매를 거두게 된다. 우리가 악한 생각을 하고, 악한 말을 하고, 악한 행동으로 지은 업은 결국 자신에게 되돌아온다. 악행을 일삼으면 지옥에 떨어지고, 짐승처럼 생각하고 말하고 행동하면 짐승으로 태어나고, 탐욕만 부리고 인색하면 아귀로 태어나는 것이다.

그러나 만약 사람이 죄를 짓고 한 번 3악도에 떨어지면, 그곳에서 벗어나기는 참으로 어려운 일이다.

비유하면 다음과 같다. 둘레가 8만 4천 리나 되는 물 속에 눈먼 거북 한 마리가 있고 물 위에는 구멍이 하나 뚫린 나무가 떠다니고 있다. 거북은 물 속에서 백 년 만에 한 번씩 떠올라 머리를 내미는데, 과연 그 머리가 그 나무 구멍으로 들어갈 수 있겠는가?

백천만 년을 지나더라도 아마 만나지 못할 수 있을 것이다. 그래도 거북이 백 년 만에 한 번 머리를 내밀다가 어쩌다 나무 구멍에 들어갈 때가 있을 것이다. 그러나 사람이 3악도에 있다가 다시 사람이 되는 것은 그 어렵기가 저 거북보다 더하다. 왜냐 하면 3악도에 있는 사람은 아무것도 아는 것이 없고 법도 없고 선악도 알지 못하고, 보시도 알지 못하고 또 서로 잡아먹되 강한 것이 약한 것을 먹기 때문이다. 그리하여 괴로움에서 나와 괴로움으로 들어가고 어둠에서 나와 어둠으로 들어가나니, 악인이 바뀌는 것은 이와 같으니라. ― 《중아함경》, 〈치혜지경(癡慧地經)〉[97]

따라서 우리는 인간으로 태어난 것을 큰 복이라고 생각해야 한다. 인

---

97) 김월운 옮김, 《중아함경》 4권, 〈치혜지경(癡慧地經)〉, 267~268쪽 참고.

간은 각종 생로병사의 고난을 받으며 살고 있지만, 인간은 해탈을 통해 대자유인이 될 수 있는 좋은 기회이다.

인간은 천상에서 태어나는 것보다 훨씬 고통이 심한 곳이므로 무상(無常)을 쉽게 느낄 수 있고, 자유의지에 따라 선업을 지으며 자신의 행위를 적극적으로 조절해 갈 수 있는 능력이 있기 때문이다. 이는 오히려 불법(佛法)을 수행하기에 가장 적합한 세계라고도 말할 수 있다는 것이다.

인생은 한 번 뿐이고, 죽으면 다 끝난다는 견해는 단견이다. 결코 유에서 무가 될 수는 없다. 우리가 생멸에서 벗어나지 않는 한 앞으로도 계속해서 삶과 죽음, 근심과 슬픔, 번뇌와 괴로움을 겪으며 윤회의 수레바퀴를 굴리게 될 것이다.

어렵게 인간으로 태어났을 때 밭 갈고 씨를 뿌려 수확을 거두는 농부처럼 마음에 선업의 종자를 골라 심으며 마음의 밭을 갈아야 한다.

마음은 논이고 밭이다.
잠시라도 그냥 두면 탐욕의 잡초가 무성히도 자라난다.

비록 인간으로 태어났지만, 우리에게는 탐욕과 성냄과 어리석음이 항상 잠재되어 있다. 그래서 어떤 상황을 만나게 되면 곧 이것들이 나타나게 마련이다. 그래서 이를 알아차리고 마음을 챙기는 것이 중요하다.

우리가 이 생에서 깨달음에 이르지는 못하더라도 다음 생이 이 생의 행위로 말미암아 3악도에 떨어지는 어리석음을 범해서야 되겠는가?

인간은 동물과 다르게 깨달음의 지혜가 있다. 하지만 세속적인 지혜로만 살아간다면, 동물과 전혀 다를 바가 없다.

최근에 우리는 잘못된(세속적인 지혜에만 의지하며 살아가는) 사람이 권력을 갖게 되면, 인간이 얼마나 사악해질 수 있는 지를 단적으로 보여주는 예를 보았다.

국가의 권력을 서슴지 않고 이용하여 자신의 사적 욕심을 채우고, 국정을 농단하고, 국가를 사유화하고, 여론을 조작하여 선거에 개입하는 등 우리는 상상도 하지 못할 부정한 일들이 사실로 드러나고 있다.

언론을 탄압하고, 블랙리스트를 만들어 문화예술인들의 자유를 억압하고, 선량한 시민들을 사찰하고 감시하고, 인권을 유린한 일들은 이루 다 말할 수 없을 정도이다.

자연은 탐욕의 대상이 되고, 온갖 차별적인 정책 또한 이루 말할 수 없다. 흐르는 강을 흐르지 않게 한 대가로 생태계가 파괴되고 환경이 오염되고, 재계와 서로서로 이익을 공유한 대가로 뇌물과 불법 정치 자금이 오고가고, 노조를 탄압하고, 노동자는 임금은 적고 해고는 쉽게 하려 하고, 기업들이 원하는 의료영리화와 철도민영화는 끊임없이 시도하기도 했다.

보수단체들을 돈으로 유혹하여 늙으신 어르신들을 거리에 나가 관제데모를 하게 하고, 독재와 친일을 미화시키기 위해 역사 교과서를 고치려고 이들을 이용하고 지지를 하게는 했지만, 생명에 대한 무관심과 사회적 약자에 대한 연민이나 자비심은 전혀 찾아 볼 수가 없었다.

아직도 그 죄의 끝이 보이지 않을 정도이다.

누군가는 인생을 정직하고 바르게 살고 있다. 그런데 왜 그는 잘못된 지도자 밑에서 고통을 당해야 하는가? 또 그로 인해 불평등이 심화되고 자유를 억압받고 삶이 팍팍해지고 상황이 더 나빠져야 하는가?

그러나 이는 소인이 국가를 통치하면 재앙과 해악이 닥칠 수밖에 없다.

또한 한 줌도 안 되는 그 권력 앞에 언론, 검찰, 사법부, 심지어 지성의 전당이라는 대학이 허무하게 무너지는 것도 지켜보았다. 그리고 그 권력에 빌붙어 수치스럽게 사는 정치인들을 보았고, 재벌에게 낯 뜨거운 문자를 보내며 아첨하고 아부하며 비굴하게 손을 벌리는 언론인들도 보았다.

힘 있는 자에게는 비굴하고, 약자에게는 가혹한 속마음은 늑대요, 행동은 개와 같은 사행들이 드러났다. 그러고도 반성과 성찰하기는커녕 전혀 부끄러움을 모른다.

이 모두가 잘못된 사람이 권력을 갖게 되면, 인간이 얼마나 사악해질 수 있는지를 단적으로 보여주는 예이다. 하지만 그로 인해 살아서도, 죽어서도 고통을 받게 된다.

그러나 그들이 국가 권력을 사유화하고 활개를 칠 수 있었던 것은 그들을 지지하고 선택한 국민들이 있었기 때문이다. 이것이 집단이 짓는 업이다. 따라서 그들을 지지하고 선택한 사람들 역시 그 책임에서 자유로울 수 없다.

그 업으로 인해 잘못된 사람이 권력을 갖게 되고, 그 자신과 또 그 주변의 수많은 사람들이 망가지고, 나라가 망가진 것이다.

사람들은 왜 나이가 들면 보수적으로 변하는 걸까? 그것은 육체가 늙듯이 정신도 늙어 버렸기 때문이다. 하지만 우리가 늙어가는 육체는 어찌 할 수 없지만, 정신은 자신의 자유의지에 따라 얼마든지 젊게 유지할 수 있다. 우리는 이기심과 탐욕이 아니라 때 묻지 않은 순수한 마음을 갖기 위해서 노력해야 한다.

하지만 우리 사회의 모든 분야에서 사악하고 추악한 온갖 악행들이 일상처럼 일어나고 있는 것은, 마음에 때가 끼고 더럽혀져 남의 배고픔은 아랑곳하지 않고 자신의 배부름만을 추구하고, 남의 추위는 아랑곳하지 않고 자신의 따뜻함만을 추구하고, 남의 노고는 아랑곳하지 않고 자신의 편안함만을 추구하는 탐욕과 이기심이 여전히 우리 사회를 덮고 있기 때문이다.

업을 이해하게 되면, 우리가 왜 자신의 행위를 올바르게 억제하면서 타인과 공존하며 더불어 살아가야 하는 존재인지를 깨닫게 된다.

부처의 눈으로 보면, 세간과 열반은 별개가 아니다. 삶의 의미가 돈, 권력, 지식, 명예 등에 있는 것이 아니다. 어른이 된 후에도 연민과 자비와 선하고 순수한 마음으로 살아가야 한다.

다음 생은 천상에 태어나지 못할망정, 어찌 이 생의 행위로 말미암아 아귀나 축생이나 지옥에 떨어지는 어리석음을 범해서야 되겠는가?

우리가 세속적인 지혜로만 살아간다면 동물과 전혀 다를 바가 없다. 어렵게 인간으로 태어났을 때 선업의 종자를 골라 심으며 마음의 밭을 갈아야 한다.

14

우리는 어떻게 살아야 하고, 왜 사는 걸까?

우리가 살고 있는 이 세계는 모든 것이 무상(無常)하다. 봄이 되면 꽃이 울긋불긋 매우 아름답게 피어나지만 가을이 되면 시들어 낙엽이 떨어진다. 우리 인간의 몸(色)도 무상하고, 우리가 갖는 느낌(受), 생각(想), 의지(行), 의식(識)도 무상하다. 이 세상에 그 어떤 것도 영원히 변하지 않는 것은 없다.

무상(無常)은 우주와 인생의 일체 현상을 관통하는 진리다. 물리학적 연구에 의하면 우주의 모든 사물은 한 순간도 정지하지 않고 움직이고 있다고 한다. 이것이 바로 '무상'이다. 이 때문에 《아함경(阿含經)》에서는 "쌓이면 종내는 흩어지게 되어 있고, 높이 올라가면 떨어지게 되어 있다. 모이면 헤어지게 되어 있고, 태어난 것은 반드시 죽게 되어 있다"라고 말한다. 《만선동귀집(万善同歸集)》에서는 "무상의 신속함이나 생각의 변화가 마치 부싯돌의 불이나 바람 앞의 등불과 같고, 흘러가는 물결이나 지는 낙조와 같고, 이슬 젖은 꽃이나 번갯불의 그림자와 같아 비유할 바가 오히려 부족하다"라고 표현하고 있다. 이러한 내용들이 모두 인생의 무상한 도리를 설명하고 있는 것이다.

세계는 끝없이 변하며 흐르고 한 순간도 머물지 않으니 이것이 곧 무상이고, 일체의 사물과 현상도 인연으로 생겨났다 사라지는 것이니 이것이 또한 무상이다. 인생의 생로병사나 사물의 생주이멸(生住異滅 : 모든 사물은 생기고, 머물고, 변화하고, 소멸한다)이 또한

무상하다. 세계 역시 시간의 변화가 누적되면서 성주괴공(成住壞空
: 생기고, 머무르고, 파괴되고, 사라진다)하게 된다. 이것이 또한 무상이
다.

그 가운데도 변화의 속도가 가장 빠르며 그 무엇도 견줄 수 없는 것이 바로 우리 인간의 생각이다. 인간의 생각은 찰나의 순간도 머물지 않고 번갯불처럼 생멸한다. 인간의 생각 또한 무상하다. 이 때문에 《보우경(寶雨經)》에서는 "생각은 흐르는 물과 같이 그 생멸이 잠시도 쉼이 없다. 마치 번개와 같이 찰나의 순간도 멈춤이 없다"고 묘사하고 있다.

이런 측면에서 본다면, 세계의 일체의 현상이나 사물은 시간적 존재에 지나지 않는다고 말할 수 있다. 무상은 우주와 인생의 일체 현상을 관통하는 진리다.

정신이나 물질을 막론하고 이 세계의 일체의 현상이나 사물은 이 순간에도 생멸변화하지 않는 것이 없을 뿐만 아니라 또한 쉬지 않고 끊임없이 변화하고 있다. 이 때문에 '무상'을 세간의 실상이라고 하는 것이며, 영원한 불변의 진리라고 하는 것이다.[98]

이러한 내용들은 모두 인생의 무상함을 말하고 있다. 인과법칙에 따라 이 세계도 '생겼다 사라졌다'를 반복하고 있고, 인간 역시 인과법칙에 따라 '태어나서 늙고 병들고 죽고'를 되풀이한다. 그리고 윤회의 사슬에서 벗어나지 않는 한 우리는 앞으로도 계속해서 생과 사를 되풀이하는 부침을 덧없이 계속하며 살아가야 한다. 일체의 법이 모두 무상하

---

[98] 지뿌, 《반야심경》, 346~348쪽 참고

기 때문에 덧없는 인생을 살아가는 것이다.

그렇다면 삶이 이렇게 무상하다면, 우리는 왜 살아야 할까? 그냥 태어났으니 사는 걸까? 그러면서도 인간은 아등바등 살아간다. 또 무엇에 홀린 것처럼 바쁘게 살아간다. 정말 수수께끼이다.

> 무엇이 사람을 질주하게 하고 홀린 것처럼 진지하게 일을 하게 하는 것일까? 정말 수수께끼이다. 누구를 위해? 자신을 위해? 사람은 결국 곧 사라져 버린다. 그러면 후세를 위해? 틀렸다. 그것은 여전히 수수께끼로 남아 있다. ―아인슈타인

그 뿐만이 아니다. 삶은 무상할 뿐만 아니라, 삶은 고다. 우리는 크게 세 가지 괴로움을 겪으며 살아간다. 예컨대 '고고, 행고, 괴고'와 같은 삼고(三苦)를 겪으며 살아간다.

'고고(苦苦)'는 추위, 더위, 갈증 등 우리가 본디 겪어야 할 괴로움이다.

'행고(行苦 : 행은 '모든 것은 흘러간다'는 뜻의 무상함을 나타낸다)'는 여덟 가지 괴로움, 즉 팔고(八苦)를 의미한다. '팔고(八苦)'는 생로병사의 괴로움, 즉 태어나는 괴로움(生苦), 늙어 가는 괴로움(老苦), 병으로 겪는 괴로움(病苦), 죽어야 하는 괴로움(死苦) 등 4가지 괴로움, 또 미워하는 사람을 만나야 하는 괴로움(怨憎會苦), 사랑하는 사람과 이별해야 하는 괴로움(愛別離苦), 구하는 것을 얻지 못하는 괴로움(求不得苦), 오온이 원인이 되어 탐욕과 집착으로 인해 생기는 번뇌의 괴로움(五陰盛苦)을 말한다.

'괴고(壞苦)'는 부귀를 누리다가 몰락하는 비애를 맛보거나, 활짝 피

어났던 꽃이 이윽고 지듯이 즐거움이 파괴되는 괴로움이다.

이는 인간으로 태어나면 누구나 겪는 세 가지 큰 괴로움이다. 이와 같이 삶은 고다. 그러면서도 인간은 아등바등 살아간다.

우리는 왜 사는 걸까?

그렇다면 우리는 왜 사는 걸까? 우리에게 잘 알려진《금강경》을 보면 수보리가 부처에게 이런 실마리를 풀 수 있는 질문을 하는데, 그 내용은 다음과 같다.

> 세존이시여, 아뇩다라삼먁삼보리(阿耨多羅三藐三菩提 : 무상정등정각無上正等正覺, '가장 뛰어나고 바르고 원만한 깨달음'을 뜻함)[99]를 구하려는 마음을 낸 선남자 선여인은 어떻게 살아야 하고, 어떻게 마음을 다스려야 합니까?

이것이《금강경》에서 수보리가 부처에게 한 첫 번째 질문이다. 수보리는 이 첫 번째 질문을 통해 두 가지를 묻고 있다. "첫째는 어떻게 살아야 하고, 둘째는 어떻게 마음을 다스려야 하는가"이다.

그런데 이 질문에는 하나의 전제가 있다. 즉 '아뇩다라삼먁삼보리를

---

99) '아뇩다라삼먁삼보리'는 산스끄리뜨어 Anuttara-samyak-saṃbodhi의 음역이다. '아뇩다라'는 무상(無上 : 가장 뛰어난)이고, '삼먁'은 정(正 : 바르고)이고, '삼보리'는 '등각(等覺 : 원만한 깨달음)'으로, 이것은 깨달음에 있어서 그 이상이 있을 수 없는 최고의 경지를 이르는 말이다.

구하려는 마음을 낸'이라는 전제가 달려 있다.

　이는 무엇을 뜻하는 걸까? 우리가 사는 것은 바로 '가장 뛰어나고 바르고 원만한 깨달음(無上正等覺)'을 얻기 위해서 사는 것이라는 의미를 내포하고 있는 것이다. 즉 무명에서 벗어나 깨달음에 이르기 위해서 사는 것이다는 뜻이 담겨 있다.

　왜냐하면 우리가 바로 이런 깨달음을 얻지 못했기 때문에 업을 짓게 되고 또다시 그 업으로 인해 윤회를 되풀이하면서 한 생 또 한 생 허망한 부침을 하고 있기 때문이다.

　우리는 왜 태어났을까? 우리가 태어난 것은 우리가 지은 업의 결과이다. 우리가 지은 업으로 인해 생과 사에서 벗어나지 못했기 때문이다. 업은 씨앗이고, 우리는 그 열매이다.

　우리는 왜 사는 걸까? 단적으로 말한다면, 아직 '할 일을 마치지 못해서이다.' 우리가 사는 이유는 바로 업에서 벗어나는 일을 마치지 못해서다. 그로 인해 윤회의 사슬을 끊지 못하고 생과 사에서 벗어나지 못했기 때문이다.

　인생이란 궁극적으로는 생과 사를 초월한 영원한 대자유를 향한 여정에 있다고 말할 수 있다.

　우리가 사는 이유는 '가장 뛰어나고 바르고 원만한 깨달음'에 이르는 여정 속에서 '아직 할 일을 마치지 못해서이다.' 이것이 생명을 지닌 모든 중생들이 사는 이유이다.

　따라서 "우리가 아무리 질주하고 홀린 것처럼 진지하게 일을 하게 되더라도 여전히 왜 사는지는 수수께끼로 남아 있을 수밖에 없다"는 아인슈타인의 의문은 어쩌면 당연하다.

　할 일을 마치기 전까지는 세상에서 어떤 삶을 살아도, 그 어떤 것을 추구하더라도, 또 그 어떤 가치 있는 일을 하더라도, 아무리 권세나 부귀영화를 누리더라도 그저 허망할 뿐이다.

아이슈타인의 말처럼 아무리 질주하고 홀린 것처럼 진지하게 일을 하더라도 여전히 왜 사는지는 수수께끼로 남아 있을 수밖에 없다. 이 세상의 그 어떤 것으로도 결코 만족할 수 없기 때문이다.

진시황이 얼마나 무소불위의 권력을 누렸는지는 그의 무덤에서 발견된 '병마용갱'만 보더라도 알 수 있을 것이다. 그렇게 부귀영화를 누렸지만, 그가 말년에 죽음이 두려워 불로초를 구하려고 했던 일은 이를 상징적으로 보여주고 있다. 그러나 그의 불사(不死)의 꿈은 허망하게 무너지고 만다.

또한 우리가 아무리 진지하게 일을 하고 어떤 가치 있는 일을 해냈다고 하더라도 허전할 뿐이다. 그것은 아직 '할 일을 마치지 못해서이다.' 마치 학생이 숙제를 하지 못한 것과 같은 것이다.

《금강경》에서 수보리가 "아뇩다라삼먁삼보리를 구하려는 마음을 낸 선남자 선여인은 어떻게 살아야 하고, 어떻게 그 마음을 다스려야 합니까?"라고 가르침을 구하고 있는 것도 이 세상에서 다른 그 어떤 것으로도 결코 만족할 수 없음을 알기 때문이다.

이 물음에 부처는 먼저 "어떻게 마음을 다스려야 합니까?"에 대한 답으로 다음과 같이 말한다.

> 자아라는 생각, 인간이라는 생각, 중생이라는 생각, 목숨(삶과 죽음)이라는 생각을 갖지 말라.

이것은 《금강경》의 핵심이고, 시작과 끝이라고 할 수 있다. 이렇게 마음을 다스리게 되면, 우리는 무명에서 벗어나 대자유를 누릴 수 있다. 이 이치만 깨닫게 되면, 부처의 가르침을 온전히 이해할 수 있다.

예컨대 이 세계에 존재하는 일체의 사물은 모두 스스로 형성된 것이 아니고 각종 요소의 결합체이다. 결코 고정불변의 실체적 '자아(我)'가 있는 것이 아니다. 그래서 자아라는 생각을 갖지 말라고 하는 것이다.

도공이 빚은 옹기가 흙과 물과 불의 결합체이고, 집이 기와나 나무나 돌의 결합체이고, 수레가 굴대나 바퀴나 바퀴살의 결합체인 것처럼 인간 역시 오온(五蘊)의 결합체이다.

우리가 그것을 옹기, 집, 수레, 인간이라고 부르지만, 그것은 그저 우리가 이름붙인 '명칭'일 뿐이다. '인간', '중생' 역시 그저 명칭일 뿐이다.

'자아라는 생각', '인간이라는 생각', '중생이라는 생각'은 우리의 관념이다. 이 세상의 그 어떤 것도 본질적으로 공하기 때문이다.

또한 인연화합으로 생겼다 사라지고, 생겼다 사라졌다를 반복하기 때문에 본질적으로 '태어남도 없고(不生)', '멸함도 없다(不滅).' 실제로는 생과 사, 즉 '목숨(삶과 죽음)이라는 생각'도 우리의 관념이다

그래서 부처는 "자아라는 생각, 인간이라는 생각, 중생이라는 생각, 목숨(삶과 죽음)이라는 생각을 버리라"고 말한다.

특히 그 가운데 자아를 극복하는 것이 가장 중요하다. 자아를 극복하면, 모든 것이 풀리게 되기 때문이다.

왜냐하면 우리가 짓는 모든 업은 바로 이런 '자아(自我)'라는 생각에 집착하는데서 비롯되기 때문이다. '나'라는 생각이나 관념이 집착으로 이어지고 견해로 굳어져, 그것으로 말미암아 아만과 아집, 미움과 증오, 탐욕과 성냄과 어리석음을 불러일으키기 때문이다.

'화살의 비유'는 경전에 나오는 유명한 가르침이다. 화살이란 무엇일까? 화살은 우리 모두의 마음에 박힌 '자아(自我)'를 의미한다.

우리가 '나'라는 생각에 집착하면, 화살이 박힌 것이다. 그러나 화살을 빼지 않고는 탐욕과 분노와 어리석음에서 벗어날 수 없다.

또한 이렇게 '나'라는 생각에 집착하면, 인간이라는 생각, 중생이라는 생각, 목숨이라는 생각에서도 벗어날 수 없기 때문이다.

결국 우리가 업을 짓는 것은 실체가 없는 허상의 혹은 가상의 나를 붙잡고서 나로 잘못 인식하고 있기 때문이다.

그래서 부처는 '자아라는 생각', 즉 '나'라는 생각은 마음이 지어낸 허상에 불과하다고 가르쳐주고 있는 것이다.

이 몸과 마음이 '나'가 아니고 '나의 것'이 아닌데, 누구를 위해 탐욕을 부리고 성내고 어리석은 짓을 하겠는가? 이를 깨닫게 되면, 당연히 대자유를 누릴 수가 있다. 마음의 구속에서 벗어나 마음을 자유자재로 다스릴 수 있기 때문이다.

그러나 '나'라는 생각에 집착한다면, 결코 이러한 경지에 도달할 수 없다.

하지만 이런 부처의 가르침이 없다면, 참으로 범부들이 스스로 깨닫기 어려운 일이다. 아마도 우리는 영원히 실체가 없는 임시의 혹은 허상의 '나'를 붙잡고서 이것을 '나'라고 착각하며, 탐욕과 분노와 어리석음에서 벗어나지 못할 것이다. 또 그로 인해 '나'라는 생존욕에 집착함으로써 앞으로도 계속해서 윤회하며 끝없는 방랑 생활을 할 수밖에 없을 것이다.

그러나 이 세상에서는 결코 영원히 행복할 수도 만족할 수도 없다. 아무리 부와 권세를 누리며 살고, 아무리 위대한 일을 한다고 하더라도 잠시 만족할 수 있거나 잠시 행복할 수는 있지만 결국 허전하고 허망할 뿐이다.

그리고 이 세상에서는 악을 끊고 선을 행하기 어렵고, 일체의 속박에서 벗어나 진정한 자유를 얻을 수도 없다. 이는 저 세상에서도 마찬가지이다.

다시 다음 세상에 태어난다고 하더라도 괴로움에서 벗어나 결코 즐거움을 얻을 수 없다. 우리는 또다시 괴로움을 겪으며 살아갈 수밖에 없다. 태어나는 괴로움, 늙어가는 괴로움, 병드는 괴로움, 죽는 괴로움, 사랑하는 사람과 이별해야 하는 괴로움, 미워하는 사람을 만나야 하는 괴로움, 원하는 것을 구하여도 얻지 못하는 괴로움, 오온에 대한 애착과 집착으로 인해 쉴 새 없이 일어나는 욕망과 번뇌의 괴로움을 겪으며 살아가야 한다.

또 결국 죽음에 이르게 되고, 또다시 한 생, 한 생을 끝없이 반복하며 살아가야 한다.

아무도 괴로움을 좋아하는 사람은 없을 것이다. 그리고 아무도 괴롭기 위해서 사는 사람은 없을 것이다. 우리가 사는 이유는 바로 이런 괴로움에서 벗어나, 기쁨과 자유를 누리기 위해서다.

예컨대 인생을 긴 여행이라고 비유한다면, 열반은 인생의 궁극적인 귀착지라고 할 수 있다. 열반은 우리가 도달해야 할 이상적 경지이며, 생과 사를 초월하는 인생의 최종적인 목표라고 할 수 있다. 우리는 이 여정 속에 있는 것이다.

그래서 부처는 우리에게 업을 짓는 원인이 되는 "자아라는 생각을 버리라"고 말한다.

이렇게 마음을 다스리게 되면, 자아에서 벗어나게 되고, 자아에서 벗어나면, 아집과 아견과 아만에서 벗어나게 되고, 아집과 아견과 아만에서 벗어나면, 탐욕과 성냄과 어리석음에서 벗어나게 되고, 탐욕과 성냄과 어리석음에서 벗어나면 '가장 뛰어나고 바르고 원만한 깨달음'을 얻어 생과 사에서 벗어나게 되고, 생과 사에서 벗어나면, 진정한 자유를 얻을 수 있다. 이것이 해탈(解脫)이다.

우리가 열반을 해탈 혹은 대자유라고 말하는 것도 이 때문이다. 해탈이란 마치 매미가 땅 속의 유충에서 탈피하여 하늘을 비상하는 것에 비유할 수 있다. 해탈은 마음에 걸림이 없는 대자유를 누리는 것이다.

이렇게 마음이 해탈한 사람은 열반에 들기 전 살아 있는 동안에도 세상의 온갖 유혹에도 마음이 흔들리지 않고, 탐욕과 분노와 어리석음에서 벗어나 생각과 말과 행동으로 착한 법을 행하게 된다.

또 이렇게 마음이 해탈하게 되면, 후세의 몸을 받지 않는다는 것을 스스로 알게 된다. 비로소 할 일을 마쳤기 때문이다.

다음은 초기 경전인《아함경》에서 계속해서 반복적으로 나오는 구절이다.

> 마음이 해탈한 사람은 이른바 '나의 생은 이미 다하고 범행은 이미 섰으며, 할 일은 이미 마쳐 후세의 몸을 받지 않는다'고 스스로 아느니라. —《잡아함경》,〈무상경(無常經)〉

우리는 왜 사는 걸까? 아직 '할 일을 마치지 못해서다.'

우리는 어떻게 살아야 할까?

부처의 눈으로 보면, 나는 나가 아니지만, 나가 아닌 것도 아니다. 그렇다면 이 세상에 머무는 동안 나는 어떻게 살아야 할까?

《금강경》에서 부처는 수보리에게 "어떻게 마음을 다스려야 합니까?"에 대한 대답에 이어 계속해서 "어떻게 살아야 합니까?"에 대한 이야기를 이어간다.

> "그리고 수보리야, 보살은 대상에 머무르지 않고 보시해야한다. 형상(色)에 머무르지 않고 보시해야 하고, 소리, 향기, 맛, 촉감, 마음의 대상에 머무르지 않고 보시해야 한다.
>
> 수보리야, 보살은 이렇게 생각에 머무르지 않고 보시해야 한다. 왜 그리해야 하는가? 보살이 생각에 머무르지 않고 보시한다면, 그 복덕을 헤아릴 수 없기 때문이다.
>
> 수보리야, 어떻게 생각하느냐? 동쪽 허공을 헤아릴 수 있겠느냐?"
>
> "헤아릴 수 없습니다. 세존이시여."
>
> "수보리야, 남쪽·서쪽·북쪽 허공과 동북·동남·서북·서남 허공과 상·하 허공을 헤아릴 수 있겠느냐?"
>
> "헤아릴 수 없습니다. 세존이시여."
>
> "수보리야, 보살이 생각에 머무르지 않고 보시하는 복덕도 이와 같아서 헤아릴 수 없다.
>
> 수보리야, 보살은 반드시 가르친바 대로 살아야 한다." [100]

---

[100] 유중 번역·해설, 《하룻밤에 읽는 금강경》, 48쪽

부처는 "자아라는 생각, 인간이라는 생각, 중생이라는 생각, 목숨이라는 생각을 버리라"고 하면서, 이와 같이 '어떻게 살아가야 하는지'를 아주 명확하게 말하고 있다.

한마디로 말해서 "보시(布施 : 베풂)하며 살아가야 한다"라고 말한다. 그러면서 '대상에 머무르지 않고' '내가 누구를 위하여 또 무엇을 베풀었다'는 생각 없이 온전한 마음으로 베푸는 보시로 인한 복덕은 헤아릴 수 없다고 덧붙인다.

베풂, 보시하며 살라

보시는 원래 산스끄리뜨어 단나(dāna)를 음역한 것으로, 'dāna'는 '베풂 혹은 관용'이라는 뜻이다.

보시란 물질을 베푸는 것뿐만 아니라 자신이 가진 체력이나 두뇌 등으로도 남에게 베풀 수 있으며(이를 '재시財施'라 한다), 진리를 깨닫게 하거나 좋은 가르침이나 도리를 가르쳐주거나 타인을 배려하고 용서하는 것도 모두 베푸는 행위이다(이를 '법시法施'라 한다). 또한 사회의 안정을 위해 노력하거나 세계 평화를 촉진하는 일들도 모두 베푸는 행위이다(이를 '무외시無畏施'라고 한다).

작게는 어려움에 처한 개인을 위해 사소한 물질을 베푸는 것부터 시작해서 크게는 무외시(無畏施), 즉 사회의 안정을 이루고 세계 평화와 모든 인류가 행복하고 골고루 잘 살게 하는 일들이 다 보시이다.

보시는 베풂이다. 그런데 왜 부처는 우리에게 보시하며 살아가라고 말할까? 대상이나 생각에 얽매이지 않고 보시한다면, 그 공덕은 헤아릴 수 없기 때문이다.

그러나 이는 사실 부처의 가르침이 없어도 우리가 살면서 스스로 터득하고 이해할 수 있는 일이다. 인과법칙에 따라 '베풀면 되돌아온다'는 법칙은 일상생활을 하면서도 수없이 경험할 수 있기 때문이다.

보시라는 생각이나 보상을 바라거나 그 어떤 생각이 없더라도, 또 아무리 내가 원치 않고 무엇을 바라지 않더라도, 베푼 만큼 돌려받게 되어 있다.

다음은 어느 날 언뜻 TBS 방송에서 들은 이야기이다. 선생님이 아이들에게 다음과 같이 질문을 한다.

'나는 준다'의 미래형은 뭘까요? 대부분의 아이들은 '나는 줄 것이다'라고 답한다. 이는 어쩌면 당연한 일이다. 그러나 진짜 정답은 무엇일까? 그것은 '나는 받는다'이다.

방송을 들으면서 훌륭한 선생님이라는 생각이 들었다. 이는 선생님이 이런 질문을 통해 아이들에게 큰 교훈을 안겨주기 위해서 한 것일 게다.

예를 들어 자신이 비록 사소한 생각이나 말이나 행동으로 상대방을 기쁘게 한다면, 그 사람은 나를 어떻게 대하려고 할까? 아마도 감사한 마음을 갖고 나를 대할 것이다. 굶주린 이에게 먹을 것을 주고 가난한 이에게 가난에서 벗어나게 해주고, 어리석은 이에게 지혜를 가르쳐 주고, 길을 잃고 방황하는 이에게 등불을 밝혀 주고, 두려움이나 어려움에 처해 있는 이들을 구해준다면, 그들이 나를 어떻게 대하려고 할까? 그들 또한 아마도 감사한 마음을 갖고 나를 대하려 할 것이다.

또 훗날 그들 역시 같은 처지에 있는 사람들을 보면 (반드시 그렇지는 않더라도) 아마도 똑같은 행동을 하게 될 것이다.

그래서 베풂은 '나와 너'의 관계뿐만 아니라 이 세상을 움직이는 힘이기도 하다. 베풂은 질투, 원망, 증오, 시기, 불만들을 이겨내는 힘이기도 하고, 원한을 풀어주는 힘이기도 하고, 마음을 움직이게 하는 힘이다. 사람들의 마음에 변화를 일으켜 바다를 가르고 산을 움직이게도 할 수 있다. 이렇듯 베풂은 엄청난 힘을 지니고 있다.

물론 보시도 없고 보시의 결과도 없다고 말하는 사람도 있다. 하지만 착한 법을 행하고 미래도 보고 결과도 보는 사람은 그렇지 않다.

> 정진하여 착한 법을 행하며 미래도 보고 결과도 보는 사람은 이렇게 말한다.
> "보시도 있고 보시의 결과도 있다."
> 그러나 정진하지 않고 나쁜 법을 행하며 미래도 보지 않고 결과도 보지 않는 사람은 이렇게 말한다.
> "보시도 없고 보시의 결과도 없다." ─《중아함경》,〈구담미경(瞿曇彌經)〉[101]

그러나 굳이 부처의 말을 빌리지 않더라도, 주는 것이 곧 받는 것이다.

베풂과 자비심

물론 이와 같은 베풂과 관용은 자비심에서 나온다. 자비의 '자(慈)'는 다른 사람의 즐거움을 함께 즐거워하는 것이고, '비(悲)'는 다른 사람의 슬픔을 함께 아파하는 것이다.

---

101) 김월운 옮김,《중아함경》4, 52~53쪽

우리가 자비심으로 사람을 대하는 네 가지 행위를 사섭(四攝 : 원래는 '보살이 중생을 제도하기 위하여 행하는 네 가지 행위'를 뜻함)이라고 한다. 즉 지혜나 재물을 베푸는 '보시(布施)', 부드럽고 온화하게 말하는 '애어(愛語)', 남을 이롭게 하는 '이행(利行)', 서로 협력하고 고락을 함께 하는 '동사(同事)'가 바로 그것이다. 그러나 이 네 가지는 크게 보면 이 역시 '보시 하나로 포섭된다'고 할 수 있다.

이런 자비의 마음으로 물질적으로나, 아니면 정신적으로 언제나 보시하기를 좋아하고 기뻐하여 아낌이 없고, 그리고 그 갚음을 바라지 않는 보시의 공덕은 헤아릴 수도 없고 측량할 수도 없다. 이것은 인과법칙이며, 당연한 일이다.

또한 자비심을 지니면 누구나 위대해질 수 있다. 자비심을 통해 좁쌀만 한 마음도 광대무변한 우주처럼 넓혀갈 수 있기 때문이다.

> 사람은 누구나 위대해질 수 있다. 사람에게 필요한 건 오직 자비로 가득 찬 가슴이다. —마틴 루터 킹 2세

마음은 너그러울 때는 온 세상을 다 받아들이다가도 한번 옹졸해지면 바늘 하나 꽂을 자리가 없다. 좁쌀 만한 마음으로 '일체의 중생이 어떠한 고통이나 억압도 받지 않도록 하리라'는 큰 자비심을 일으키는 것은 불가능할 것이다.

베풂은 실천의 차원이다

그런데 이와 같은 보시에는 또 하나의 중요한 의미가 담겨 있다. 부처가 이와 같이 보시를 하며 살아가라고 말하는 것은 사실은 헤아릴 수 없

는 공덕을 쌓는 것 외에도 더 깊은 뜻이 있다.

즉 "자아라는 생각, 인간이라는 생각, 중생이라는 생각, 목숨이라는 생각을 갖지 말라"고 말하는 것은 마음을 다스리도록 하는 생각의 차원이라면, "대상에 얽매이지 않고 보시하며 살아가야 한다"고 말하는 것은 행동, 즉 실천의 차원이다.

> 이 세계에는 태어나면서부터 부처인 사람은 한 명도 없다. 부처는 모두 [희로애락을 겪는] 평범한 사람으로 태어나, 수행을 통하여 그 경지에 오른 것이다. 인간은 누구나 수행을 통하여 부처가 될 수 있다. 빈부귀천이나 남녀노소를 막론하고 일체 중생이 모두 부처가 될 수 있는 깨달음의 지혜를 갖추고 있기 때문이다. 모든 중생이 이러한 형태의 지혜를 갖추고 있지만 무명(無明)으로 인한 각종 망상에 사로잡혀 있기 때문에 이러한 지혜를 드러내지 못하고 있다. 이런 수행을 통하여 자신의 지혜를 계발하고 우주와 인생의 실상을 철저히 깨닫게 되면 다시는 미혹에 사로잡히지 않게 된다.[102]

우리는 누구나 부처가 될 수 있다. 하지만 그러기 위해서는 우선 '나'라는 생각에서 벗어나야 한다. '나'라는 생각을 갖게 되면 '나'라는 생존욕에 집착하게 되고, 그 결과 탐욕스럽고 인색할 수밖에 없다. 결코 남에게 보시할 수 없다.

그러나 그것이 생각에 머문다면, 아무 소용이 없다. 보시는 바로 실제 '나'라는 생각에서 벗어나도록 이끄는 실천적 힘이 되는 것이다. 보시

---

[102] 지뿌, 《반야심경》, 320쪽 참고

는 나를 초월하는 행위이다. 그래서 부처는 우리에게 "생각에 머무르지 말고 보시하며 살라"고 말하는 것이다.

그러면서 부처는 우리에게 '내가 누구에게 또 무엇을 베풀었다'는 생각도 없이 온전하게 베푸는 보시를 요구하고 있다. 이것이 가장 중요한 핵심이다.

왜 그럴까? 그 공덕이 크기 때문이라고 생각한다면, 결코 부처의 말을 다 이해했다고 볼 수 없다.

왜냐하면 '대상을 인식하거나, 혹은 내가 무엇을 베풀었다'고 생각을 하는 순간 '자아가 있다'는 것이 되어버리기 때문이다. 즉 '나'가 있다는 생각에 다시 빠져버린 셈이 되고 만다.

왜냐하면 '대상을 인식하거나, 혹은 내가 무엇을 베풀었다'고 생각한다면, 그 순간 '나와 너', '나와 대상'이 별개가 되어버리고 말기 때문이다.

그래서 부처는 이 세상에 머무는 동안 "생각이나 대상에 머무르지 말고 보시하며 살라"고 말하는 것이다.

'대상을 인식하거나, 내가 무엇을 베풀었다'는 생각 없이 보시를 할 수 있을 때 비로소 자아라는 생각에서 온전히 벗어난 경지에 이르렀다고 볼 수 있는 것이다.

보시는 헤아릴 수 없는 공덕을 쌓을 뿐만 아니라 보시를 통해 우리는 깨달음에도 이를 수 있는 것이다(대승불교에서 말하는 '보시바라밀'은 육바라밀 가운데 하나이다).

지금 바로 여기 이 세상에서, 우리가 자비심을 갖고 사람을 대하고, '일체의 중생이 어떠한 고통이나 억압도 받지 않도록 하겠다'는 보리심을 내고, 주변을 둘러보며 베풀고, 부드럽고 온화하게 말하고, 남을 이롭게 하는 행동을 하고, 서로 협력하고 고락을 함께 하겠다고 한다면, 이런 선업으로 인해 나의 삶뿐만 아니라 이 세상이 밝아질 것이다.

우리는 지금부터 5년이나 10년 후가 아니라 순간순간 우리의 삶이 실재하는 삶이 되도록 수행해야 한다.

우리는 할 일을 내일이나, 다음 생에 미루지 말고, 지금 바로 여기 이 세상에서 할 일을 마치기 위해 노력해야 한다.

내가 싫으면 남도 싫어한다

이제 다시 한 번 인과법칙으로 돌아가 보자. 항상 어떤 문제가 있다면 혹은 어떤 의문이든 품고 있는 것이 있다면, 인과법칙으로 돌아가라고 말한 바 있다. 우리의 삶도, 우리가 사는 사회도, 국가도, 세계도 모두 마찬가지이다. 어떤 문제든지 반드시 그 원인이 있고, 어떤 의문이든 인과법칙 속에 그 답이 있다.

우리의 삶뿐만 아니라 이 세상은 우리의 생각과 말과 행동이 낳은 결과이다. 우리가 하는 생각과 말과 행동에 따라 앞으로도 우리의 삶과 이 세계 또한 계속해서 끊임없이 변하게 될 것이다.

누구에게나 똑같은 하루도 없고, 똑같은 나도 없다. 이 세상에 고정불변하는 것은 아무 것도 없다. 우리가 일으키는 생각과 말과 행동 하나하나가 차곡차곡 쌓여 앞으로도 우리의 인생뿐만 아니라, 우리가 살고 있는 이 우주까지도 영향을 미치게 될 것이다.

과거는 돌이킬 수 없지만, 앞으로의 삶은 지금 우리가 바라는 대로 생각하고 말하고 행동으로 옮기기만 한다면 그 무엇이든 바꿀 수 있다.

우리는 어떻게 살아야 할까? 굳이 한 가지 더 덧붙인다면, 마음씨를 곱게 쓰는 것이다.

"남에게 대접받기를 원한다면 먼저 남을 대접하라"는 말이 있다. 나는 베풀지 않으면서 남이 베풀기만 바라거나, 나는 하기 싫으면서 남이 하기를 바라는 것은 마음씨를 곱게 쓰는 것이 아니다.

한때 부처가 코살라의 벨루드바레야 마을 북쪽의 한 숲에 있을 때의 일이다.

어느 날 이 마을 사람들이 부처를 찾아와 "성인의 제자는 어떤 마음가짐(혹은 마음씨, 마음보, 심보)으로 살아가야 합니까?"라고 물었다. 이에 부처는 다음과 같이 말한다.

만약 누가 나를 죽이려 한다면 내가 좋아하겠는가? 내가 좋아하지 않는 것이면 남도 그럴 것이다. 그런데 어떻게 남을 죽이겠는가. 만약 누가 내 물건을 훔치려 한다면 내가 좋아하겠는가? 내가 좋아하지 않는 것이면 남도 그럴 것이다. 그런데 어떻게 남의 물건을 훔치겠는가. 만약 누가 내 아내를 범하려 한다면 내가 좋아하겠는가? 내가 좋아하지 않는 것이면 남도 그럴 것이다. 그런데 어떻게 남의 아내를 범할 것인가. 이렇게 생각하고 살생하지 않고 훔치지 않고 간음하지 않아야 한다. 또한 만약 누가 나를 속이려 한다면 내가 좋아하겠는가? 내가 좋아하지 않는 것이면 남도 그럴 것이다. 그런데 어떻게 남을 속이겠는가. 만약 누가 나와 친구를 이간질한다면 내가 좋아하겠는가? 내가 좋아하지 않는 것이면 남도 그럴 것이다. 그런데 어떻게 남의 친구를 이간질하겠는가. 만약 누가 나를 욕한다면 내가 좋아하겠는가? 내가 좋아하지 않는 것이면 남도 그럴 것이다. 그런데 어떻게 남을 욕하겠는가. 만약 누가 나에게 꾸며대는 말을 한다면 내가 좋아하겠는가? 내가 좋아하지 않는 것이면 남도 그럴 것이다. 그런데 어떻게 남에게 꾸며대는 말을 하겠는가. 이렇게 생각하고 거짓말 하지 않고 이간질하지 않고 나쁜 말 하지 않고 꾸며대는 말 하지 않아야 한다. 이와 같은 일곱 가지 계를 거룩한 계라고 한다. —《잡아함경》, 〈비뉴다라경(鞞紐多羅經)〉[103]

내가 싫어하는 일은 남도 싫어하리라는 것은 당연한 일이 아니겠는가? 당연히 내가 싫어하는 일은 남도 싫어한다. 그럼에도 불구하고 내가 싫어하는 일을 남은 하기를 바라는 것은 마음씨를 잘못 쓰고 있는 것이다. 즉 심보가 고약한 것이다. 이 세상의 인간은 네 종류의 부류가 있다고 한다.

세상에는 네 종류의 사람이 있다. 자기 안에 더러움이 있지만 그것을 알지 못하는 사람, 자기 안에 더러움이 있다는 것을 알고 스스로 고치려는 사람, 자기 안에 더러움이 없지만 그것을 모르는 사람, 자기 안에 더러움이 없음을 알고 앞으로도 더러움이 끼지 못하도록 단속하는 사람이 그것이다. 이중에서 더러움이 있으면서 그것을 모르는 사람, 더러움이 없으면서 그것을 모르는 사람은 하천(下賤)한 사람이다. 더러움이 있으면서도 알지 못하는 사람은 그것을 없애려 하지 않고, 또 더러움이 없는 것을 알지 못하는 사람은 더러움이 끼어도 그것을 모르기 때문에 부지런히 닦으려 하지 않기 때문

---

[103] 김월운 옮김, 《잡아함경》 4권, 374~375쪽 참고

이다. 그러나 더러움이 있다는 것을 알고 고치려는 사람, 더러움이 없음을 알고 더러움이 끼지 못하도록 단속하는 사람은 수승(殊勝)한 사람이다. -《중아함경》,〈예품경(穢品經)〉

여기서 말하는 '더러움'은 탐, 진, 치로 인해 마음에 '때'가 낀 상태이다. 그러나 여기서 중요한 것은 이를 알아차리는 것이다.

예컨대 사악한 잘못을 저지르고도 그것을 모르는 사람이 있다. 이들은 잘못을 저지르고도 전혀 뉘우치거나 부끄러워하거나 수치심을 느끼지 못한다. 그 사실을 아무도 모르기를 바라고, 남이 알게 되면 부끄러워하기보다 오히려 화를 내거나 앙갚음을 하려고 하고, 자기보다 높은 사람에게 순종하지만 자기보다 낮은 사람은 얕잡아 보고, 사람들로부터 항상 대접받기를 원하면서 자기 뜻대로 되지 않으면 불만을 품고, 이런 모든 것들이 또한 자기 뜻대로 되지 않으면 좋지 않는 마음을 품는 것이다. 자기 안에 이런 더러움이 있지만 그것을 알지 못하는 사람이다. 이는 하천한 사람이라는 뜻이다(범부들은 그 사람의 부나 권력, 신분이나 지위를 보고 평가하지만, 수승한 사람들은 부나 권력, 신분이나 지위가 아무리 높더라도 그들이 하천한 사람임을 간파한다).

그러나 설사 지금 잘못을 저지르지 않고 있지만 잘못이 무엇인지를 자각하지 못하는 사람도 있다. 이 역시 하천한 사람이다. 잘못이 뭔지 모르기 때문에 앞으로 잘못을 저지르게 될 가능성이 있기 때문이다. 또한 이들은 잘못이 뭔지 모르기 때문에 이미 나쁜 짓을 한 사람이나 비슷한 부류의 사람들이 또 잘못을 저지를 가능성이 있는데도 이를 알아차리지 못하고 경계하지 않는 잘못을 저지를 가능성이 매우 높기 때문이다(예컨대 옳고 그름을 잘 알지 못하기 때문에 지역이나 정당에 집착해서 계속해서 잘못된 지도자를 선택하는 경우이다. 그 결과 지금도 잘못된 정치인들이 활개를 치고 있는 것이다).

그러나 잘못을 하면 이를 알아차리고 고치려 하는 사람이 있다. 이는 수승한 사람이라는 뜻이다. 왜냐하면 이들은 어쩌다 세상의 유혹을 뿌리치지 못하고 잘못을 저질렀지만, 똑같은 실수나 잘못을 저지르지 않기 위해 노력하기 때문이다. 또 이들은 설사 나쁜 마음을 먹었더라도 이를 알아차리고 마음을 고쳐먹으려 하기 때문이다.

또한 지금도 잘못을 저지르지 않고 앞으로도 이를 경계하면서 잘못을 저지르지 않기 위해 노력하는 사람이 있다. 이는 수승한 사람이라는 뜻이다. 이들은 지금도 좋은 마음을 품고 있지만, 앞으로도 계속해서 나쁜 마음이 들지 않도록 노력하기 때문이다.

결국 마음을 어떻게 쓰느냐에 따라 하천한 사람이 되기도 하고, 수승한 사람이 되기도 하는 것이다.

늘 마음이 문제이다. 물론 생각과 말과 행동이 나쁜 습관에 물들어 있다면 하루아침에 바뀔 수는 없다. 하지만 우리가 아침마다 얼굴을 씻듯이 마음에 때(탐, 진, 치)가 끼지 않도록 부지런히 씻어내야 한다. 이것이 수행이고, 수승한 사람이다.[104]

예컨대 사람의 마음이란 크게 쓰면 하늘을 덮고도 남지만, 작게 쓰면 바늘 하나 꽂을 데가 없다.

---

[104] 이를 '깨끗이 씻은 사람'이라 한다. 《중아함경》〈마읍경(馬邑經)1〉에 이런 말이 있다. "어떤 자를 깨끗이 씻은 사람이라 하는가? 이른바 모든 착하지 않은 악법과 모든 누(漏)의 더러움과 미래 생명의 근본과 번거롭고 뜨거운 괴로움의 과보와 나고 늙고 병들고 죽는 원인이 되는 것을 깨끗이 씻는 자, 이런 자를 깨끗이 씻은 사람이라 한다(김월운 옮김, 《중아함경》4권, 72쪽)."

수승한 사람은 이렇게 생각한다. '모두가 행복하고 평화롭게 산다면, 이 세상이 얼마나 아름다울까?' 하지만 하천한 사람은 이렇게 생각한다. '세상은 원래 불공평한 거야. 모두가 행복하고 잘 사는 건 생각만 해도 끔찍해. 그럼 내가 군림할 수도 없고 대접받을 수도 없을 테니까.'

이 세상은 우리의 생각과 말과 행동이 낳은 결과다. 이 세상에 우연이란 없다. 아름다운 세상도 고통스러운 세상도 우리가 하는 생각과 말과 행동에 달려 있다.

하지만 잘 생각해 보라. 인생은 태어나면서 죽을 때까지 타인과 이어지고, 또 우리는 태어나면서부터 죽을 때까지 다른 무언가의 신세를 지며 살게 된다. 그 어떤 존재도 저절로 생길 수 없으며 홀로 살 수 있는 존재도 없다.

> **태**어나면서 죽을 때까지 타인과 이어지고, 우리의 과거와 현재에 저지른 악행과 베푸는 선행이 우리의 미래를 만들어 간다. ─영화 〈클라우드 아틀라스〉에서

즉 우리는 누군가로부터 얻은 것으로 살아가는 것이기에 또다시 우리는 그것을 누군가에게 베풀며 살아가야 한다.

또한 내가 싫으면 남도 싫어한다. 당연히 마음씨를 곱게 써야 한다. 이것 하나만 기억해도, 마음을 다스릴 수 있다.

우리가 이런 마음가짐이 될 때 자아를 초월하게 된다. '나와 너'가 별개가 아니라 '공존의 지혜'를 추구하게 된다.

자아를 넘어 누구나 모두 평화롭고 행복하게 살기를 바라는 생각과 말과 행동을 한다면, 우리가 꿈꾸는 아름다운 세상도 현실이 된다.

우리는 어떻게 살아야 할까? 자아를 초월해 공존의 지혜를 추구하며 살아야 한다. 보시는 이를 실천하는 차원이다. 또 이것이 깨달음으로 가는 길이다.

깨달음은 '바로 지금 여기'에서다

깨달음이란 무엇일까? 우주와 인생의 일체 현상의 실상을 철저하고 원만하게 깨닫는 것이다. "이것이 있어 저것이 있고, 저것이 사라지면 이것도 사라진다."
열반은 흔히 우리가 오해하듯이 죽고 나서 증득되는 어떤 경지가 아니다. 열반은 이 세상에서 증득하는 것이다.

> 열반은 흔히 우리가 오해하듯이 죽고 나서 증득되는 어떤 경지가 절대 아니다. 열반의 가장 중요한 측면은 '바로 지금 여기' 이 삶에서 실현하는 것이다. 탐, 진, 치가 사라지고 항상 자, 비, 희, 사가 넘쳐흐르며, 지혜가 두루하는 환희로운 삶의 모습을 생각해 보라. 그것이 바로 열반이고, 부처님이 설하신 가르침의 핵심이다.
> 숫따니빠따 등 초기경에서는 닙바나 삿치끼리야(nibbāna-sacchikiriya : 열반을 눈 앞에 현전시키는 것)—즉 열반을 여기 이 삶의 현장에서 실현하는 것—를 누누이 강조하고 있다. [우리도] 이 삶에서 실현되는 경지로 받아들이자. 그래서 참 행복을 누리며, 지금 여기서 나와 남이 평화롭게 살아야 하지 않겠는가.
> "수보리야, 그들 일체 중생들은 육신과 더불어 깨달음을 이룰 것

이다."[105] 이렇게 《금강경》에서도 말하고 있듯이 이는 이 육신을 가지고 깨달음을 증득한다는 말이다. 열반을 죽고 나서나 얻어지는 그 무엇으로 잘못 이해해서는 곤란하다.[106]

이렇듯 열반은 '바로 지금 여기' 이 삶에서 실현하는 것이다. 자기 자신이 처한 지금 이곳 이 자리, 즉 이 육신을 가지고 이 세간에서 살아가면서 실현하는 것이다.

흔히 사람들은 열반하면, 시간과 공간의 차원에서 생각하려 한다. 시간과 공간을 떠올리면서 차안에서 피안으로 건너가는 것을 상상하게 된다. 그래서 멀고 어렵게 느껴진다.

그러나 열반은 '불어서 꺼진'이라는 뜻으로, 탐, 진, 치가 완전히 사라진 상태를 의미한다. 탐, 진, 치가 완전히 사라져 마음이 공(空)한 상태로 되돌아가는 것을 말한다.

이와 같은 깨달음은 서천(西天: 서방극락세계)에 있는 것이 아니라 당하(當下: 지금 이 자리)의 세간에 있는 것이고, 일상생활에서 벗어나 깨달음이 있는 것이 아니라는 뜻이다.

이는 이미 선사들의 말에서도 수없이 드러난다.

---

105) 산스끄리뜨어 원문에는 이렇게 되어 있다. 하지만 구마라집은 이를 "이런 사람들은 여래의 아뇩다라삼먁삼보리를 짊어질 것이다"로 의역했다. 이는 '육신과 더불어 깨달음을 이루고' 뿐만 아니라 '이 법을 다른 사람들에게 전하는 일을 능히 감당할 수 있다'는 뜻이다. 즉 '짊어질 것이다'로 의역한 것은 법의 수레바퀴가 계속해서 굴러갈 수 있게 하여 이 법이 지속되게 한다는 뜻도 포함하고 있다(유중 번역·해설, 《하룻밤에 읽는 금강경》, 201쪽 참고).
106) 각묵 스님, 《금강경 역해》, 73, 75, 275쪽 참고, 불광출판사, 2014

불법은 세간에 있으며, 세간을 벗어나 있는 것이 아니다. 세간을 떠나 보리를 찾는 것은 마치 토끼의 뿔을 구하는 것과 같다(불이세간각, 이세멱보리, 흡여구토각不離世間覺, 離世覓菩提, 恰如求兎角). —혜능대사

물을 길어 나르고 땔나무를 옮기는 등의 행위가 오묘한 도 아닌 것이 없다(운수반시, 무비묘도運水搬柴, 無非妙道). —백장(百丈) 회해선사(懷海禪師)

평상심이 곧 도다(평상심시도平常心是道). —마조(馬祖) 도일선사(道一禪師)

이와 같은 모든 말들이 깨달음은 죽어서 다른 어떤 곳이 아닌, 살아서 바로 현실 속에서 이룬다는 뜻이다.

세속에 집착하지 않는 것이 곧 깨달음이다

그렇다면, 깨달음은 현실 속에서 이룬다는 것은 어떤 의미일까? 아주 간단히 말하면, 깨달음은 세간에 살면서 세간에 물들지 않는 경지이다. 마치 연꽃이 진흙탕에서 피어나지만, 더러움에 물들지 않는 것과 같다.

깨달음은 세간에 있으면서도 동시에 세간을 초월하는 것이다. 즉 세간에 있으면서도 세간에 매이지 않으며 무엇을 하든 다시 얻을 바가 없는 것이 바로 최상승의 경지이다. 현실 세계는 순간적이며 상대적이고 유한하지만, 다른 어떤 곳도 아닌 바로 현실 속에서

> 영원하고 절대적이며 무한한 것을 실현하는 것이 곧 '해탈'이다. − 혜능대사

이를 쉽게 비유하면 이렇다. 예컨대 '사랑'에 대하여 진정으로 깨달은 사람은 자신과 가족뿐만 아니라 다른 모든 사람들을 차별하거나 성내지 않고 사랑으로 대한다.

또 이를 비유하면 이렇다. '공(空)'에 대하여 진정으로 깨달은 사람은 현실에서 벗어나 따로 '공(空)'을 찾지 않는다. 예컨대 아무리 누가 금은보화를 갖다 주면서 유혹하더라도 이를 그저 한 송이 꽃이나 한 개의 꽃잎처럼 대할 뿐 욕심을 내지 않는다. 그것이 공한 줄 알기 때문이다.

또 비유하면 이렇다. '지혜'에 대하여 진정으로 깨달은 사람은 세간의 득실이나 사리사욕이나 재화나 명예에 마음이 흔들리거나 집착하지 않는다. 지혜로운 자는 세간에 있으면서도 세간의 것을 탐하지 않기 때문이다. 세간의 것에 탐착하다가 업을 짓는 것, 그것이야말로 어리석음이라는 것을 알기 때문이다.

'반야행(般若行)'이란 무엇일까? 이를 계속해서 실천하는 것이 반야행이다.

> 모든 순간 한 생각 한 생각이 어리석지 않고, 항상 지혜로 행동하는 것이 바로 반야행이다. − 혜능대사

그렇다면 선정(禪定)이란 무엇일까? 현실 속에서 세상의 온갖 유혹에도 흔들리지 않고, 걱정이나 근심에도 마음이 동요하지 않는 것, 이것이 바로 '선정(禪定)'이고, '삼매(三昧)'다.

'일행삼매(一行三昧)'란 일상생활에 있어서 움직이거나 머물거나 앉거나 눕거나 항상 진여심(眞如心 : 진심)으로 행하는 것이다. 오직 진심으로 행동하고 모든 사물에 집착하지 않는 것을 일행삼매라 한다.[107]

마찬가지로 '무상(無相)', '무념(無念)', '무주(無住)'란 무엇일까? 이를 진정으로 깨달은 사람은 현실에서 벗어나 이를 따로 구하지 않는다.

> 어떤 것을 '무상'이라 하는가? 형상을 하고 있으면서도 또한 형상을 초월한 것을 말한다. 즉 이미지를 보는 것이 아니라 공의 실상을 보는 것이다.
> 어떤 것을 '무념'이라 하는가? 아무 생각이 없다는 것이 아니라, 생각에 얽매이지 않는 것을 말한다. 만약 유념이 없다면 무념 역시 있을 수 없다. 아무 생각이 없다면, 목석과 같다.
> 어떤 것을 '무주'라 하는가? '무주'라고 하는 것은 시시각각 만나는 대상에 얽매이지 않는 것이다. 어떤 대상에 집착하여 한 순간이라도 대상에 사로잡힌다면 바로 속박을 당하게 되니 이것을 얽매임이라고 하는 것이며, 한 순간이라도 대상에 사로잡히지 않으면 얽매이지 않는다고 하는 것이다.[108]

이를 진정으로 깨달은 사람은 현실에서 벗어나 이를 따로 구하지 않

---

107) 혜능,《육조단경》, 157쪽, 일빛, 2010
108) 혜능,《육조단경》, 157~161쪽 참고

는다. 무상이든, 무념이든, 무주라는 것도 결국 현실 속에서 이루는 것이다. 세간에 살면서 자기의 마음이 내적으로나 혹은 외부의 대상, 즉 일체 법에서 벗어나 어떠한 것에도 얽매이지 않는 것이다. 그것이 '무상'이고, '무념'이고, '무주'다.

그러나 일체 법 가운데 어느 하나라도 집착하여 어떤 것에 한 순간이라도 사로잡힌다면 바로 속박을 당하고 만다.

또 비유하면 이렇다. '보리심(菩提心)'을 진정으로 깨달은 사람은 저 세상에서가 아니라 이 세상에서 '일체 중생이 어떤 고통이나 억압도 받지 않도록 해야 한다'고 마음을 내는 것이다.

그래서 세간을 떠나 보리를 찾는 것은 마치 토끼의 뿔을 구하는 것과 같다고 말하는 것이다.

해탈(解脫)이란 무엇일까? 해탈 역시 이 세상을 떠나 저만치 떨어져 있는 것이 아니다. 삼라만상의 실상을 알고, 이 세상에서 탐욕에서 벗어나고, 성냄에서 벗어나고, 어리석음에서 벗어나는 것이다. 이것이 심해탈(心解脫)이다. 이것이 마음이 해탈한 것이다. 우리의 삶 속에서 생명의 즐거움을 얻는 해탈의 길이 이 세상에 있다는 것이다.

> 그는 이른바 생명의 즐거움, 거룩한 즐거움, 욕심이 없는 즐거움, 떠나는 즐거움, 쉬는 즐거움, 바르게 깨닫는 즐거움, 먹음이 없는 즐거움, 나고 죽지 않는 즐거움 등 이러한 즐거움을 쉽게 얻으려면 반드시 그리 될 수 있느니라. ―《중아함경》, 〈대공경(大空經)〉[109]

---

109) 김월운 옮김, 《중아함경》 4권, 140~141쪽

생명의 즐거움을 얻는 해탈의 길이 우리의 삶속, 이 세상에 있다는 것이다. 이 세상에서 생명의 즐거움, 거룩한 즐거움, 욕심이 없는 즐거움, 바르게 깨닫는 즐거움, 나고 죽지 않는 즐거움에 대한 마음을 내면, 그리 될 수 있다는 것이다.

그리하여 마음이 해탈한 사람은 이른바 '나의 생은 이미 다하고 범행은 이미 섰으며, 할 일은 이미 마쳐 후세의 몸을 받지 않는다'고 스스로 알게 된다는 것이다. 이것이 지해탈(智解脫)이다.

> 색(色)은 무상하다고 관찰하라.
> 기뻐하고 탐하는 마음이 없어지면 이것을 심해탈이라 하느니라.
> 마음이 해탈한 사람은 '나의 생은 이미 다하고 범행은 이미 섰으며 할 일은 이미 마쳐 후세의 몸을 받지 않는다'고 스스로 아느니라.
> 무상하다고 관찰한 것과 같이, '그것들은 괴로움이고, 공하고, 나가 아니다'라고 관찰하는 것도 또한 그와 같으니라. ―《잡아함경》, 〈무상경(無常經)〉[110]

그래서 깨달음은 현실 속에서 이룬다는 것은 세간에 살면서 세간에 물들지 않는 것이다. 연꽃이 진흙탕에서 피어나지만, 더러움에 물들지 않는 것과 같다.

그리고 이 세상에서 욕심이 없는 즐거움, 바르게 깨닫는 즐거움, 나고 죽지 않는 즐거움에 대한 마음을 내면, 그리 될 수 있다는 것이다.

그러나 우리는 만물의 영장이고 이성적인 동물이라고 말하지만, 항

---

[110] 김월운 옮김,《잡아함경》1권, 1~2쪽 참고

상 두 가지 상충하는 유혹에서 여전히 허덕이며 살아간다. 사뭇 집착에서 벗어나야 한다고 말하지만, 형상을 보는 순간 욕심을 버리지 못한다. 삶에 대해 고뇌하며 세속적의 삶의 애착과 집착에서 벗어나리라 마음먹지만, 결국 편안함, 안정, 권력, 명예와 돈을 추구한다. 탐하는 마음에서, 성내는 마음에서, 어리석은 마음에서 벗어나야 한다고 쉴 새 없이 되새기지만, 언제나 동물적 충동에 지배당하고 만다.

겉으로는 여러 사람들 앞에서 언제나 점잖은 체하려 하지만, 남에게 고개를 숙이는 일은 자존심이 허락을 하지 않는다. 겉으로는 매우 인자한 듯싶지만, 남보다 낫다는 오만한 마음이 늘 도사리고 있다. 내 안에서는 형식에 얽매이기 싫어하는 마음도 있지만, 남 앞에서 존경 받고 싶은 교만한 마음이 늘 마찰을 일으켜 조화를 이루지 못한다. 겉으로는 사회적인 신분보다는 인격이 중요하다고 말하지만, 신분에 따라 차별하고 만다. 사회적 약자에 대한 연민을 갖은 체 하려 하지만, 곧잘 혐오감을 드러내고 만다.

그러면서 자신은 남다른 가치를 가진 존재라고 생각한다. 마치 깊은 도랑을 사이에 둔 것처럼 나와 너는 별개로 여긴다.

자신은 자유분방한 행동을 즐기지만, 타인의 자유분방한 행동은 못견뎌 한다. 자신의 잘못에는 한없이 관대하지만, 타인에게는 티끌만한 잘못에도 참을성을 잃고 만다.

우리에게는 겉과 속이 다른 두 개의 인격이 깊이 뿌리를 내리고 있으며, 마음속에서는 언제나 선과 악, 두 가지가 서로 다투고 있는 것이다.

그러나 아인슈타인의 말처럼 왜 사는지, 인생은 수수께끼와 같다고 말한 것은 이 세상에서 권력과 아무리 많은 재산을 소유하더라도, 아무리 호화스러운 부귀영화와 권세와 명예를 누리더라도, 허망할 수밖에 없기 때문이다. 또 우리가 마땅히 이렇게 살아야 하지만 어떤 보람된 일을 하거나, 어떤 가치 있는 일을 하거나, 인류에게 유익한 역사에 남을 위대한 일을 하더라도 잠시 만족할 수 있거나 잠시 행복할 수는 있지만, 결국 허전할 수밖에 없기 때문이다.

이제 끝으로 다음과 같은 경전 하나를 소개하려 한다.

> 가난한 사람의 소원은 마을(村)에서 제일가는 부자가 되는 것입니다. 마을의 부자는 고을(邑)에서 제일가는 부자가 되는 것이 소원입니다. 고을의 부자는 성(城) 안에서 제일가는 부자가 되는 것이 소원입니다. 성 안의 부자는 이 성의 주인이 되는 것이 소원입니다. 성의 주인은 나라에서 제일가는 대신이 되는 것이 소원입니다. 나라의 대신은 작은 나라라도 왕이 되는 것이 소원입니다. 작은 나라 왕은 전륜성왕이 되는 것이 소원입니다. 그러나 전륜성왕은 이렇게 생각합니다.
>
> '나는 수행자처럼 머리와 수염을 깎고 가사를 입고 지극한 마음으로 집을 버리고 도를 배우는 사람이 되었으면, 그리하여 위없는 범행을 닦아 스스로 깨닫고 성취하여 나의 생은 이미 다하고 범행은 이미 섰으며 할 일을 이미 마쳐 다시는 후세의 몸을 받지 않는다는 참뜻을 알았으면' 하는 것이 소원입니다. ─《중아함경》, 〈욱가장자경(郁伽長者經)2〉[111]

나는 지금 어디쯤 와 있을까? 나 역시 아직 할 일을 마치지 못한 것은

---

111) 김월운 옮김, 《중아함경》 1권, 348~349쪽 참고, 동국역경원, 2011

분명하다.

하지만 과거는 이미 지나갔다. 그러나 미래는 아직 오지 않았다. 그렇다면 미래는 주어진 것인가? 아니면 지금 만들어가고 있는가? 과거에도 그랬고 지금도 그렇고 미래의 삶도 우리가 만들어가게 된다.

'할 일을 마치고' 업에서 벗어나기 위해서, 우리는 농부가 밭 갈고 씨를 뿌리듯 부지런히 마음의 밭을 갈고 좋은 씨앗을 뿌려 자라게 해야 한다.

> 마음은 나의 밭이고 믿음은 나의 씨앗이다. 고행은 때맞춰 내리는 비(雨)이며, 지혜는 나의 보습(쟁기)이며, 몸과 입과 생각으로 악업을 없애는 것은 내가 뽑는 잡초이다. 이런 일을 하는 데 게으르지 않는 것은 나의 소(牛)다. 나는 이와 같이 밭 갈고 씨를 뿌려서 감로의 결실을 수확한다. 이것이 나의 농사다. ─《잡아함경》, 〈경전경(耕田經)〉

이것이 부처의 가르침이다.